The best leader makes decisions in two minutes

最高のリーダーは2分で決める

前田鎌利
Maeda Kamari

はじめに

チームの成果はリーダーの「決める力」が9割

ソフトバンク時代も含め、私は10年以上にわたり、現場のリーダー（プレイングマネジャー）としてチームの成果を出し続けることができました。

私が、成果を出し続けるためにもっとも大切にしていたのは、できるだけ速く意思決定を行うことです。

チームの生産性は、リーダーの意思決定の数に比例する。

これが、私の結論です。

現在、私はソフトバンクグループの人材育成機関「ソフトバンクユニバーシティ」の講師として登壇したり、様々な企業の現場でコンサルティングをしたりしています。その中で現場のリーダーから、様々な相談を受けます。

「会社からアサインされた目標が達成できない……」

「自分が抱える仕事量が多すぎて、部下のフォローまで手が回らない……」

「上層部からの指示が頻繁に変わるため、現場がバラバラ……」

このような悩みを解決しようと、多くのリーダーは1つずつ順番に改善に取り組もうとすると思います。しかし、それでは時間がかかりすぎてしまいます。

そこで、意思決定のスピードアップに集中することで、一点突破的にチームの様々な問題をすべて解決へ導くのです。

私が1つの案件の意思決定に費やす時間は、2分以内です。

「そんな短時間で解決することなんて本当にできるの？」と疑問に思うかもしれませんが、工夫をすれば可能です。

私が行っているマネジメント研修では、じつに多くのリーダーが「自分の悩みを相談できる人がいない」とこぼします。そのため、今回、そんな孤軍奮闘しているリーダーたちと対話をするような気持ちで筆を進めました。

本書が、世のリーダーたちの少しでもお役に立てれば幸いです。

著者

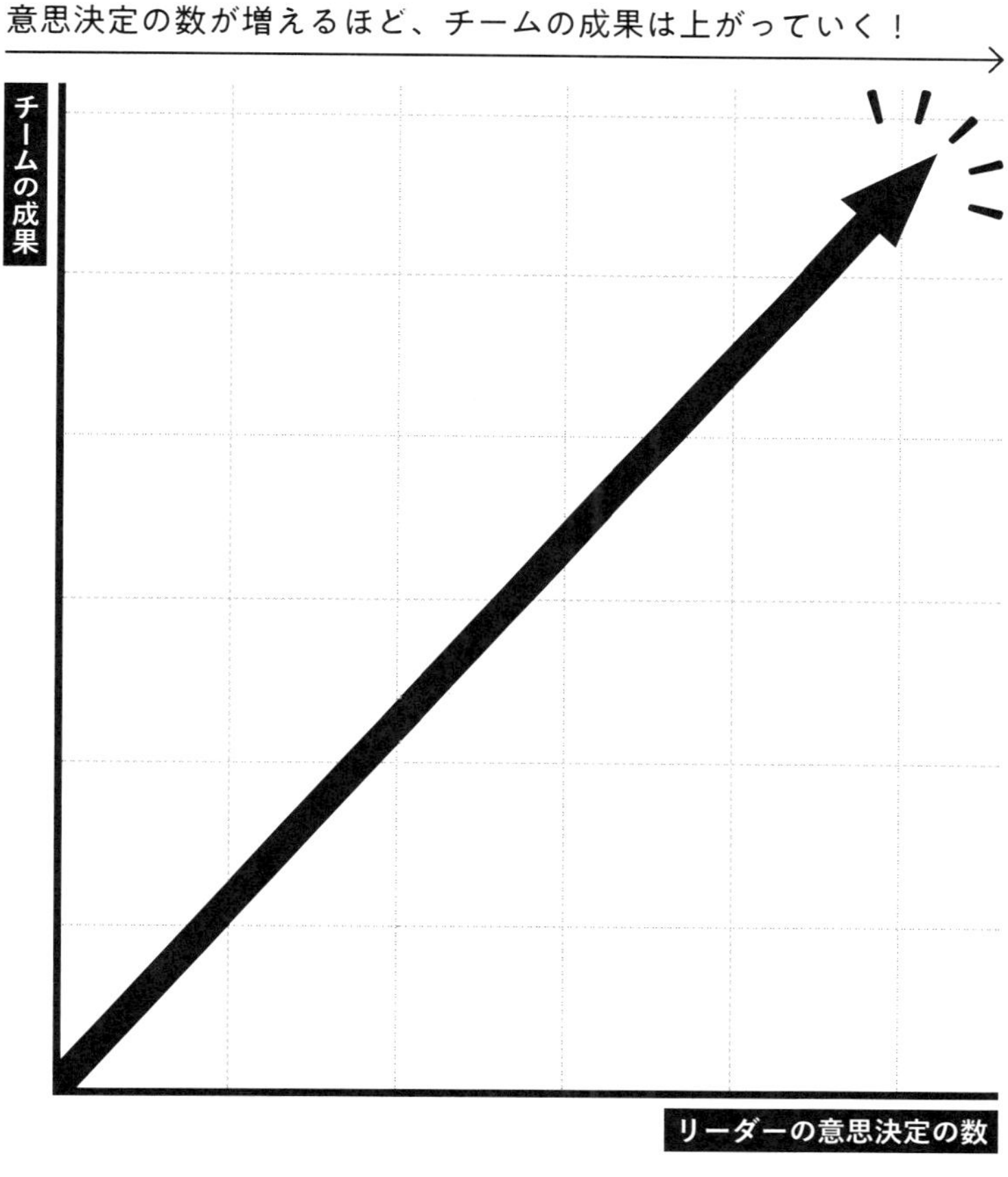

リーダーの意思決定の数が増えると、チームのアウトプットが増加。その結果、他の様々な問題も一気に解決へ向かう

目次

第2章

リーダーは2分で決めろ！

第3章

部下の「報連相」が変わると、決断のスピードも上がる

第4章 チームの問題は「5つのスキル」で解決する

第1章

新しい時代のリーダー「決める力」4つのルール

チームの成果は「決める」スピードに比例する

「会社の方針がコロコロ変わりすぎて、現場の判断も行動も追いつかない！」

いま、多くの現場のリーダー（プレイングマネジャー）がこのような悩みを抱えています。

とくに、ベンチャーでは朝令暮改が当たり前。むしろ、変わらないと不安だとさえ思うものです。

私自身も、２０１３年にソフトバンクを退職し、今は３つの会社を経営しているのでよくわかります。

自分が経営者になってより痛感しますが、同じことを続けていくには大きな不安が伴います。

いま売れている自社の商品やサービスがあったとして、「来年も再来年も同じ商品やサービスを売り続けていたら、消費者にはいつか飽きられるのではないだろうか？　だから、いまのうちに新規開発をしよう」と考えるのです。

その消費者の「飽き」のスパンが、いま、どの業界も日に日に短くなり、あらゆる商品やサービスが、すぐに陳腐化しています。

そうすると、現場のリーダーは、変化をキャッチアップすることばかりに忙殺され、チームマネジメントに手が回らなくなっていきます。

そして、次第にリーダーがチームをうまく統率できなくなって、現場が崩壊していくのです。

部下は、「上司はこっちの状況をよく知りもしないくせに、いきなりあれもこれもやってくれと言ってきて困る」と愚痴をこぼします。

一方の上司は、「部下が頑張りますというセリフを繰り返すばかりで、何を考えているのかわからない」という不満を抱えています。

では、このような状況を打開するために、リーダーは何から手をつければよいのでしょうか？

私の答えは、**リーダーの意思決定のスピードアップ**です。

「スピーディーな意思決定」が起点となって、すべてが好転し始めます。

リーダーの意思決定が速いと、チーム全体の動きが〝自然と〟速くなって、部下のアウトプットの数が格段に増えます。

その結果、部下のアウトプット数の増加に比例するように、チームの生産性も劇的に向上していくのです。

チームの生産性が向上していくと、チームの他の様々な問題が、まるでドミノ倒しのように一気に解決へ向かいます。

このサイクルの効果は、私が身をもって体験しましたし、ソフトバンク時代に成果を出しているチームの多くでも同じサイクルが回っていました。

では、私の意思決定のメソッドはどういうものかというと、左の4つのルールに基づいて行います。

さっそく、順番に説明していきましょう。

新しい時代のリーダー「決める力」４つのルール

ルール 1 70%の精度で意思決定をする
ルール 2 「外脳」を使う
ルール 3 「部下発信」の案件を増やす
ルール 4 上司を「攻略」する

ルール1

70%の精度で意思決定をする

1つ目は、意思決定に対する「スタンス」のルールです。**意思決定をするときは、100%の精度を求めずに、70%の精度で行う**ようにします。

リーダーの中には、何かを決めるときに学生時代のテストのような「正解」を求める人がいます。要は「正しい決断」をしたいと考えるのです。

自分が決断をするときに「正解」を求めるリーダーは、いつまでたっても自分の選択に不安がつきまとい、躊躇します。

なぜなら、ビジネスにおいて「これが絶対的な正解」というものは、そもそも存在しないからです。

そして意思決定にいたずらに長い時間をかけた挙句、ペンディングの案件が目の前に積み上がってしまうことになるのです。

ソフトバンクの孫正義会長が考案した「孫の二乗の兵法」では、50%の勝率で勝負するのは愚かだが、90%まで待つと手遅れになる、と示されています。

私は、孫正義会長の後継者を育成する機関「ソフトバンクアカデミア」の1期生ですが、孫さんは次のように話しています。

「リーダーは確率50%の戦いをしてはいけない。とかげは、身体の約3割である尻尾の部分までなら、切ってもまた生えてくる。でも、とかげでさえ、身体の半分まで切ったら死んでしまう。だから、リスクを取るのは3割まで」

リーダーは一か八かのギャンブル的な選択をしてはいけないが、だからといって確実性を求めすぎるとビジネスでは機を逃すということです。

この孫さんの教えに従い、私も、70%ぐらいの精度に達したら「これでいこう!」と決めていました。

プレイングマネジャーにおける70%の基準については、資料の見栄えやデータの量など、決裁者である上司によって多少異なります。ただ、ソフトバンクでは、「スピードを重視する」という点では、どのタイプの上司でも共通でした。

スピードという観点から70%という精度を定義すれば、次のようになります。

100%の精度

↓自分が「完璧！」と思えるまで、期日ギリギリまで時間をかけて準備した状態（※期日直前の為、修正が難しいことが想定される）

70%の精度

↓期日よりも前倒しにしたうえで、想定される上司からの質問に対応できるレベルに根拠となるデータがそろった状態

50%の精度

↓期日よりも前倒しにしているが、上司が意思決定するには根拠となるデータが不十分な状態

大切なのは、上司である決裁者の意思決定に必要なレベルを自分自身が把握することです。

マネジメント研修をしていると、「自分は決断力がないんです」と言うリーダーがたくさんいます。でも、決める能力自体は、もともと全員が持っています。そもそも、自分の人生において何も決めたことがない人なんていないはずです。

「失敗をしたらどうしよう……」と、失敗を過度に怖れるリーダーもいますが、じつは、リーダーの失敗はそれほど怖れるものではありません。

現在、私は会社を経営していますが、経営者として意思決定をするときに一番やってはいけないのは、一発で会社を潰して社員を路頭に迷わせるような選択肢を取ることです。そのような決断をして、万が一失敗した場合、どうあがいても取り返しがつかなくなるからです。

翻って、**自分が現場のリーダーだったときの意思決定を振り返ってみると、「取り返しがつかない失敗」につながる選択は、それほど多くありません。**

最低限のリスクヘッジをしたうえで失敗を怖れずにとにかくやってみて、その結果、うまくいかなければ手を入れてすぐに改善する。

このようなサイクルを回し続けることが、成果を出し続ける肝になるのです。

失敗は「引きずらない」と決める

「あの決断は、やはり間違いだったのではないか……」

そんな考えが、ときに頭をもたげることもあると思います。

私自身も、あとから考えれば間違った選択だったと思うことが数多くあります。

でも、成功したことも失敗したことも含め、様々な経験を積むことを通じて、いまの自分があると思うのです。

現場のリーダーから相談を受けるときに、よく、私は「悩みすぎはよくないよ」と伝えています。

もちろん、誰にだって悩むことはあります。

ただ、引きずったままでいると、次に進むのが遅くなってしまいます。

失敗したと思ったら、次は同じ過ちを犯さないように改善すればいいのです。

部下育成についても、どうやってもかみ合わない部下がいるかもしれません。

私自身も、おそらく自分と相性が合わないことが原因で会社を離れたのではないかと思う部下が何人かいます。

いまでも、ふとしたときに、そういった部下のことを思い出すことがあります。

しかし、マネジメントの経験をいくら積んだとしても、失敗するケースをゼロにはできません。

部下育成といっても、相手は子どもではなく、立派な大人です。

人間同士のことに、完璧な方法なんてありません。


1つ、私が大切にしている言葉があります。

それは、「一座建立《いちざこんりゅう》」です。一座建立とは、茶道の世界で使われている言葉で、茶席を開く人と招かれたお客の両方が「その場をいいものにしよう」という気持ちで通じ合うことを指します。

私の解釈としては、縁があって、同じ時、同じ場所を過ごす人たちと、力の限りを尽くしてその場をよくするように全員で努めるという意味です。

自分のマネジメントが、本当に成功するかどうかはわからない。それでも、チームのメンバーが成功し、充実した日々を過ごせるように最大限の努力をする。どんなときも、その姿勢を失わずに保ち続けることが、リーダーを務めるうえで大切だと考えています。


いま、私は書家としても活動しているので余計にそう思いますが、マネジメントは、「書道」や「柔道」「剣道」のように「道」を究め続ける、まさに「マネジメント道」のようなものだと捉えています。

「これで完璧！」という最終到達点はありません。

だからこそ、リーダーは引きずらないことが大切なのです。

ルール2
「外脳」を使う

2つ目は、意思決定の「スピード」に関するルールです。

意思決定のスピードを上げるというと、様々なフレームワークを頭に詰め込んだり、思考を磨いたり、というイメージを持つ人が多いようです。

しかし、ごく一部の天才的なビジネスパーソンを除いて、私の感覚では、何かを決める力自体に個人差なんてほとんどないように思います。

では、どうやってスピードを上げればよいかというと、それは**判断材料を集めるときのスピードを上げる**のです。

ただ、リーダーひとりが努力したところで限界があります。

そこで、2つ目のルールです。

判断材料を集めるときは、「自分以外の人の力」をできるだけ借りるのです。

私がかつて勤めていたソフトバンクは、とにかく、ものすごいスピードで現場が進んでいました。世間では、「高速経営」などと言われることもあるようです。

その影響でしょうか、ソフトバンクは、孫正義という稀代のカリスマ経営者が、何でも自分ひとりで考え、決めている会社だと思っている人が多いようです。

中にいた私が思うのは、そのイメージは「半分正解で、半分不正解」です。

会議の場で、孫さんは出席メンバーの意見をよく求めます。

誰かがプレゼンをすると、まずは出席メンバーに「どうだ？」という感じで意見を聞いていくのです。

そのうえで「俺はこう思う」というように孫さんも意見を言います。

みんなの意見を聞いて検証したうえで、「よし、これでいこう！」と最終決断をしている感じです。

一方的に何かを決めるというケースは、世間で思われているほど多くはないと思います。

もちろん、孫さんが「みんなはAだと言っているが、俺はBでいくぞ!」という決断をするときもあります。

ですが、すべての案件において、皆の意見を聞かずに自分ひとりで決めているわけではないということです。

情報化社会が急速に進んでいる現在、ひとりで世界のあらゆる事象をキャッチアップすることなんて不可能です。

しかも、上のポジションになればなるほど、最前線の現場から離れがちになるので、最新の情報は手に入りにくくなっていきます。

もはや、リーダーひとりだけの決断で、物事を進めるのは危険な時代になっています。

そのため、**「リーダーが謙虚に人の話を聞ける姿勢」**が大切になるのです。

本当は、最新動向をキャッチアップできていないのに、「リーダーである自分が決めないと!」と肩に力を入れて神頼みをしながら決断するのではなく、精通する人から情報収集をしたうえで決めればよいのです。

孫さんが使う言葉として、「**外脳**」があります。

「外脳」とは、「外部の脳」という意味です。

会議中、「社内でこの分野に詳しいのは誰だ？　いますぐ、ここに連れてきてくれ！」と言うことがあります。

また、様々な分野のトップクラスの方と交流し、最先端の情報を積極的に仕入れるように努めていますし、過去にはツイッターでつぶやいたりして、外部からも幅広く様々なアイデアを集めたりしていました。

このように、孫さんは、限られた短い時間の中で、多くの「外脳」を活用しながら、アイデアや意見をスピーディーに収集しているのです。

私もブレスト会議において、議論が煮詰まったときはスパッと中断します。

そして、「20分後にもう1回、アイデアをひとり20個持ち寄るようにしよう！」と決めるのです。

この20分は、頭を冷やすためのブレイクタイムではありません。

「外脳」を使うための時間です。

20分の間に各自で考えるのではなく、その人の部署の同僚4人に聞いてまわって、ひとり5個ずつ出してもらえたとしたら、新たに20個のアイデアが手に入ります。

自分の〝ハードディスク〟だけを頼りに何かを決めようとしても、参照できるデータに限りがあるので、なかなか決められなくて当然です。

意思決定のスピードを上げるには、自分の外側に〝外付け〟ハードディスクを数多く持つことが大切なのです。

「自分の弱み」をオープンにする

「外脳」の活用は、周囲の人を自分の仕事に巻き込むことでもあります。

どんな難題も、自分で颯爽と解決していく孤高のリーダー。そんなリーダー像を目指している人も、いるかもしれません。

ですが、私は成果を出し続けるチームをつくるためには、**「人の力を借りることができるリーダー」**のほうが望ましいと考えています。

もちろん、人に助けを求められるときは、積極的に力を貸します。

そこは、当然、ギブ&テイクです。

自分の強みについては、放っておいても、社内で勝手に認知されていきますので、上司や他部署の同僚などからは、自然と自分の強みに関する手助けを求められるでしょう。

一方、自分が人の力を借りたいときは、自分の「弱み」に関するもののほうが多いわけです。

弱みについては、放っておいても周囲に広まるわけではありません。

そこで、**日頃から、周囲に自分の弱みをオープンにしておく**ようにします。

なぜなら、外脳に頼りたいときに周囲の力を得やすくなるからです。

上司や他部署の同僚をはじめ、私は「信頼関係が築けてきたな」と感じた部下に対しても、積極的にチームの課題や自分の悩みを話すようにしていました。

当時、私の一番の弱みは、会社の数字でした。

大学時代、私は教育学部書道科という特殊な学科にいて、学校の先生になる勉強には励んだものの、ビジネスのことについてはまったくといってよいほど無知なまま社会人になりました。リーダーになったときも、財務諸表などもちろん読めませんでした。

しかも、書道科は芸術課程なので、思いっきり文系です。

理数系の科目がからっきしダメだったので、ビジネスで数字と向き合うことは本当に苦痛でした。

とはいっても、プレイングマネジャーの仕事に数字は欠かせません。努力はしたものの、なかなか苦手意識は克服できなかったのですが、自分の弱みを周囲にオープンにしていたことで、専門部署の力を最大限に借りることができ、乗り越えたことが多々ありました。

もし、私が会社の数字が苦手であることを周囲にオープンにしていなければ、私のおぼつかない仕事ぶりが社内で問題視されていたかもしれません。

もはや「リーダーひとりでなんとかする」という時代は終わりました。「周囲を巻き込めるリーダー」こそ、新しい時代のリーダー像なのです。

上司、他部署を中心に社内ネットワークを広げる

私自身、リーダーになった当初は「外脳」が1つもありませんでした。初めのうちは、自分の上司が、強力な外脳になってくれました。

上司は自分よりもキャリアが長い場合が多いので、社内にとどまらず、社外にも人脈を持っている可能性が高くなります。

あるとき、急きょ全社的なキャンペーンを対外的に行うことが必要となり、そのプロジェクトリーダーに私が抜擢されたことがありました。

それまで、キャンペーンを対外的に行った経験がまったくなかったので、ユーザーに対して、どういった景品をどれくらいの予算で見積もりを立て、どれくらいのスケジュールで行うかの知見が一切ありませんでした。

そんな私に、そのときの上司は信頼できるキャンペーンを手がけてきた業者の

方を紹介してくれました。

悩んでいる私の姿を見て、その上司の持っている対外的人脈からベストパートナーを紹介してくれたのです。おかげで、期限内にすべてのパーツが揃い、無事乗り切ることができました。


ただし、部下を助けることが上司の務めだとはいっても、上司からテイクしっぱなしではいけません。

こちらからも、しっかりと上司にギブしましょう。

そこで、日頃から**自分の上司の悩みを把握する**ようにします。

たとえば、上司が経営会議から戻ってきたとします。

そのときに、何か考えごとをしているように見えたら、「会議で何かありましたか？　何かお手伝いしましょうか？」と、こちらから話しかけるのです。

「ちょっとね、上からこういう指示が出たんだけどね」と言われたら、「わかりました。では、○○さんというリソースもプランも持っている人を知っているので、アサインしてもらえるように聞いてみます」と提案するようにします。

上司が悩みを打ち明けてくれるというのは、自分を信頼してくれていることの証です。さらに、その悩みを解決までできれば、より大きな信頼を勝ち取ることができます。

そして返報性の法則で、その上司は借りを返そうと、先々に必ずあなたの力になってくれるはずです。

上司の他に、社内で外脳になってくれるのは他部署の人間です。

他部署とのパイプづくりのコツは、フォローをすることです。

他部署のフォローをするシチュエーションは、たいてい、その部署が苦しい状況のときです。

したがって、フォローすれば相手に感謝されますし、返報性の法則が働いて、「自分たちのためにここまでやってくれたのだから、また何かあったときは、こっちも助けよう」という気持ちになってもらえます。

しかも、フォローすればするほど、自分の経験値が上がりますし、他部署からの評価も上がっていくわけです。

1つの部署で1つのことばかりやっていたら、経験値はせいぜい5や10にしか増えませんが、他部署のフォローをすることで30にも40にもなります。上の役職に就いてから経験値を増やしたいと思っても、失敗できなくなるのでフォローのハードルが上がってしまいます。

したがって、現場のリーダーをやっている間にどんどん他部署のフォローをするのがベストです。

ソフトバンクでは複数の事業を兼務することが多いため、他部署のフォローは先々の兼務に備えた格好の実践訓練の機会になりました。

また、他部署から評価されることで新しい業務に転換するチャンスまでつかむことができました。

他部署のフォローは、私からすれば、やらないほうがもったいないと思うくらい、まさに一石三鳥にも四鳥にもなるアクションなのです。

「自分の専門外の人」とつながる

「ソフトバンクアカデミア」という組織をご存じでしょうか？

ソフトバンクアカデミアとは、孫会長が自身の後継者を育成するために、ソフトバンクグループの内外から受講者を募って開いた学校です。

そこに、私は1期生として入校しました。

ソフトバンクアカデミアに入って、私がもっとも勉強になったことが、「外脳」の重要性でした。

ソフトバンクアカデミアには、ソフトバンクグループ外から、様々な業界のビジネスパーソンが数多く参加しています。

たとえば、私が在籍していたときは、宇宙開発に携わっているＪＡＸＡの人だったり、大手広告代理店出身の経営者だったり、一風変わったところでは、現役のミュージシャンや天ぷら専門店の経営者といった人もいました。

ソフトバンクアカデミアに入校する前は、自分の上司や社内の他部署の同僚などを「外脳」として積極的に活用していました。

リーダーになった当初は、社内でネットワークを広げていけばいくほど、自分の意思決定も比例して速くなっていきましたが、自分が扱う事業領域が広がっていく過程で、社内のネットワークだけでは限界が出始めていました。

ちょうどそのようなタイミングで、ソフトバンクアカデミアに入校し、自分の専門外の分野に精通している人たちと交流することになったのです。


ソフトバンクアカデミアで培ったネットワークは、判断材料集めの大きな助けになりました。

当時、私はソフトバンクショップのバックオフィスも担当していたので、いままでにない、お客様に受け入れられるような店頭什器について新たな視点がほしいと考えていました。

それまでに取引のあるところからだけでも調達は可能でしたが、より幅広い選択肢から検討したいと思い、アカデミアメンバーに相談したところ、打てば響くように何社かご紹介いただいたこともあります。

その後、社外のネットワークの重要性を学んだ私は、インターネットの記事のインタビューや特集を見たり、書籍を読んだりして、「会って話を聞いてみたいな」と興味を持った人に手紙を書いたり電話をしたりして、お会いするようになったのです。

「外脳」がアウトプットの質も大きく変える

ソフトバンクアカデミアに入校して、もう1つ、大きな学びがありました。それは、**その人が持つ外脳の数が、そのままアウトプットの質に表れる**ということです。

ソフトバンクアカデミアでは、講義の一環として、孫さんから経営に関する様々な課題に対する提案プレゼンを行います。

課題に取り組むときに、関連書籍や自分で集められる範囲での資料を基にしてアウトプットをするだけだと、内容が非常に限定的になります。

ソフトバンクアカデミアで数多くのプレゼンを見てきましたが、外脳の数が多い人と少ない人とでは、プレゼンの内容の差が一目瞭然でした。

それぞれ、自身が仕事の領域としている専門分野があるのですが、それだけで課題解決に至るプレゼンができるわけではありません。

あるメンバーは、幅広いネットワークを活かして、課題解決につながりそうなキーパーソンを招集して勉強会を開いたりしていました。それは必要としているメンバーに声をかけて、そこからよりよい提案が多数生み出されるように配慮しているその方の度量の広さでもありました。

外の世界で活躍しているアカデミアメンバーが利他の精神に溢れ、また奥深いところが垣間見えたことは、自分の視野が外に向かっていく大きなきっかけとなりました。

もしかしたら、孫さんのプレゼンをさせる狙いの1つとして、その人の「外脳」の数を見極めるということもあったのかもしれません。

私自身も、アカデミア時代に外脳の数が劇的に増えたこともあり、最終的にプレゼンで1位を獲得するまでに成長することができました。

相手の「肩書き」を見ない

社外のネットワークを広げていくときに私が心がけているのは、相手の「肩書き」ではなく、「その人自身」を見るようにすることです。

言い換えると、**「ビジネス」という前提を取り払う**ということになります。

社内のネットワークを広げるのは、外脳として活用するという目的もあるので、矛盾しているように思う人もいるかもしれませんが、相手を「ひとりの人間として理解する」というスタンスは、社外に限らず、社内の部下や上司、同僚とコミュニケーションを取るときもすべて同様です。

異業種交流会などに参加すると、相手の会社の取り組みを聞く人が多いのですが、私はそれよりも「相手が取り組んでいること」に注目して話を聞くようにしています。

相手の会社や肩書きの話に終始してしまうと、その人との関係に「ビジネスライク」の色が強く出がちです。

私の経験上、そういったコミュニケーションを取る人とは、その場だけで終わってしまったり、仕事が終わればそれっきりになってしまったり、ということが多いように思います。

その人自身に向き合うようにすると、その人が好きなことや関心を持っていること、プライベートの活動、趣味などに話題が及びやすくなるので、ビジネスとは関係なく、長いお付き合いができるようになります。

「ビジネス」という前提を取り払った関係を築くことを心がけたほうが、長い目で見て、結果的にネットワークは広がりやすいのです。

ある方の誕生日パーティーでのことです。

会場には主催者の関係者が多数集まっていましたが、私を見てご挨拶に来られた方がいました。

当日、私はラフな格好で伺ってしまったのですが、その方はそれが気になって声をかけてくださったようでした。

その後、とくにお互いのビジネスに直結するような展開はありませんでしたが、プライベートでお会いする機会が増えていき、教育分野を歩んできたことや子育てをしていることなどの共通点がわかって、意気投合したのです。

そして、私がソフトバンクを退職して独立後、その方がオフィスの一部を書道教室で使用してほしいと申し出てくださいました。

あのパーティーがなければ、この未来は訪れていなかったと思います。

ルール3

「部下発信」の案件を増やす

3つ目のルールは、リーダーの意思決定の「種類」についてです。現場のリーダーが行う意思決定は、大きく2種類に分けられます。

1. リーダードリブン

2. メンバードリブン

リーダードリブンとは、チームの年間計画の作成や戦略策定、部下育成の方針などに関する案件の意思決定を指します。

部下に頼むことができないので、立案から材料集め、そして決断まで、すべてリーダーひとりで行う必要があります。

リーダードリブンは、時間がかかるうえに非常にしんどい作業です。

２つ目のメンバードリブンは、「この件について、こういう取り組みはいかがでしょうか?」と、メンバー（部下）が判断材料を集めたうえで提案してくれる案件の意思決定のことです

メンバードリブンの意思決定は、非常に楽です。

部下が適切な判断材料を揃えてさえいれば、あとはリーダーがイエスかノーの判断をするだけだからです。

チームにおいて、リーダーが行う意思決定は数多くあります。そのほとんどがリーダードリブンになってしまうと、必然的に時間が足りなくなります。

私はメンバードリブンの案件を90％にすることを目指していました。

そうすれば、残り10％のリーダードリブンにより多くの時間を割いて集中して取り組めますし、チーム全体の意思決定のスピードを格段に上げることができるようになります。

本来、メンバードリブンにできる案件までリーダーひとりで抱えてしまっているということがよくあります。

リーダー自身が、リーダードリブンの数を減らすと強く決心しない限り、メンバードリブンの数は絶対に増えていきません。

そのためには、のちほどお伝えする「自走力」のある部下の育成と、部下が自走するしくみづくりの2点が重要になるのです。

リーダーの意思決定には２種類ある

1 リーダードリブン

- 年間計画の作成や、部下育成の方針決めなど
- リーダーが立案から材料集め、決断まで行う
- 時間も手間もかかり、負荷が高い

2 メンバードリブン

- メンバー（部下）から、判断材料を集めたうえで提案される案件
- リーダーはイエスかノーの判断をするだけ
- 時間も手間もかからないので、とてもラク

チームの意思決定の90%をメンバードリブンにすることを目指す！

ルール4

上司を「攻略」する

ほとんどの現場のリーダーは、組織全体から見ると、あくまでレポートラインの中間にいる存在にすぎません。

組織のトップであれば、自分の意思決定のスピードが速くなればなるほど、物事を回すスピードもアップしていきます。

しかし、レポートラインの中間にいるプレイングマネジャーは、自分が頑張って速く動くだけではスタンドプレーになるだけです。

巷では、上下関係がなくフラットに権限移譲された「ティール組織」の時代だと語られることもあります。

ただ、現実には、多くの会社がまだまだそうはなっていません。しばらくはこのままの状況が続くだろう、と私は考えています。

そこで、４つ目のルールです。

自分の上司の意思決定を速くしてもらえるように上司を「攻略」するのです。

小規模な会社を除いて多くの会社の社内には、組織力学が働いています。

そのため、**スピーディーな意思決定のために「上の人」がどういう人かを把握することは、避けて通れない**のです。

私自身も、最初からうまくいっていたわけではありません。

部署を異動してすぐのことです。スピーディーな意思決定を心がけていた私は、とにかくクイックレスポンスを意識して行動していました。

その結果、その部署のルールや作法、上司の意向などを把握していない段階で、過去の自分の経験則に基づいて上司にクイックレスポンスをしてしまい「違う！」と怒られてしまったことがあります。

他にも、スピード勝負だと思って他部署の部門長に話をしにいったときにも次のような失敗をしたことがあります。

その部署の部門長は、私のプレゼン内容に理解を示してくれたのですが、自部署に戻って対象部署の部門長の了承を得た旨を伝えました。

すると、「その了承は私が直接取ることであって、君がでしゃばることではない。勝手な行動をするな！」と叱責されてしまったのです。

当時の上長は、その案件について自身で先方に伝えることがその後の部署間の付き合いを行っていくうえで有効に働くと考えていたようでした。

スピードを重視してしまい、直属の上司の思考を考慮することが不足したために生じた問題でした。その後、信頼を回復するのに時間を要しましたが、少しずつ成果を上げることで信頼を取り戻していったという苦い経験になりました。

ただ、間違えてはいけないのは、けっしてクイックレスポンス自体が、ダメなわけではないということです。

あくまで、ビジネスにおいてはクイックレスポンスにこだわるべきです。

たとえば外部に営業に行き、商談直後に提案資料を作成して送れば競合他社より先んじることができます。

クイックに提案することは、「その企業を第一優先で捉えている」という誠意を見せることにもなります。私自身、これで多くの案件を勝ち取ってきました。また、クイックレスポンスは、やろうと思えば誰でもできます。資料を作るのが遅いとか、提案をまとめるのが遅いのはスキルや経験の問題もありますが、レスポンスのスピードが遅いのは姿勢の問題です。

私が失敗してしまった原因は、クイックレスポンス自体にあるのではなく、その上司をきちんと「見る」ことができていなかったからです。

つまり、その人を理解できていない段階でクイックレスポンスをしたことが一番の原因です。

上司を理解するときに役立つのが、ハーマンモデルです。ハーマンモデルとは、GEの元能力開発センター所長・ネッド・ハーマンが開発した人間の思考行動特性の分類モデルです。このモデルによると、人は「論理型」「堅実型」「独創型」「感覚型」の4つに分類できます。

人には様々な側面がありますので、必ずしも、1つのタイプに当てはめられるわけではありませんが、ハーマンモデルを踏まえながら上司とコミュニケーションを取ると理解が深められやすくなると思います。

上司をしっかり理解せず、上司との「距離感」がつかめていないまま、クイックレスポンスだけを心がけても、なかなかうまくいきません。

同じ課長であっても、会社によって、もしくは部署ごとに課長に任される権限の範囲が違うということもよくあります。

組織は、人と人との関係性で動く要素が大きいからこそ、どのように「上の人」を口説くか、が重要になるのです。

「相手がどういう人なのかを理解する」ことは、当たり前といえば当たり前ですが、クイックレスポンスにとらわれていると、意外とおろそかになりがちです。

部署異動するときは、まずは、新しい上司をしっかりと見ることです。

そして、資料をしっかり読み込む人なのか、もしくは、データでジャッジする人なのか、などその人の仕事の進め方や方針、意思決定で重んじている軸などを把握すれば、その人のツボを押さえたうえでクイックレスポンスができるようになります。

「自分の上司の視点」を持つ

自分の上司を攻略する方法の1つとして、**上司の「視点」で物事を見る**ようにすることがあります。

上司が案件を決裁するときに、資料をどのように見ているのか、どんなデータを重視しているのかがわからないと、自分の説明に自信が持てなくなるので、データをたくさん並べるような理論武装に走りがちになります。

いくら理論武装に走っても、そもそも観点が違うものを100集めようが1000集めようが、結局は、ひと言「違う」と言われておしまいです。

課長であれば部長、部長であれば局長や役員など、ワンランク上の視点でアクションをとるようにすると、仕事を任せてもらえることが増えていきます。

上司の視点を理解するためには、**上司が出席している会議に同席する**ことが有効です。

たとえば、上司が出る会議の資料をつくらせてくださいとお願いすれば、資料を作成したオブザーバーとして、自分で発表する機会がもらえるかもしれません。上司の視点を自分のモノにできれば、上司との交渉が円滑になりますし、自分がいざ上の役職に就いたときにも、その役職の仕事がスムーズにできるようになります。

現在、各企業で組織のフラット化が進んでいて、課長代理や係長、チームリーダーといった移行期の役職が少なくなってきています。

もしかしたら、「明日から部長をやってくれ！」というような人事が自分の身に降りかかることだって、十分あり得ます。

そんな突発的人事に備えるためにも、上司の会議に積極的に同席しておいて損はないでしょう。

「忖度」はコミュニケーションの基本である

仕事をするうえで、私は**「相手の気持ちを推し量る」**ことを大切にしています。

これを別の言葉で表現すると、2017年には、流行語大賞にも選ばれましたが、「忖度」になるわけです。

官僚と政治家の問題の文脈で使われたので、「忖度＝悪」という風潮になってしまいましたが、私は、忖度に悪いイメージを持たせてしまうのは少し違うのではないかと思っています。

本来、人間関係において、忖度は当たり前に必要なスキルです。

「様々な思惑がうごめいている組織において、他人の気持ちをすべて尊重していたら、何もできなくなってしまう！」

このように考える人もいるかもしれませんが、「忖度」は、けっして相手に

「遠慮する」という意味ではありません。

むしろ、**「相手の気持ちを推し量る」ことで、物事をよりうまく動かせるようになる**のです。

現在、何ごとも定量化して「見える化」したものが重視される時代です。なので、余計に「見えないもの」を軽視する傾向があるのかもしれません。

組織では、上の役職になればなるほど、どちらかといえば定性的な要素で物事が決まることが多くなります。

「この期間に、この額のコストをかければ、これだけの利益が出ます」とプレゼンできる案件は、当然、決裁がおりやすくはなりますが、実際の経営の現場においては、そんなにわかりやすい案件ばかりが議題にあがるわけではありません。

それこそ、決裁者のそのときの気分に大きく左右されることだってあります。

それを取り上げて「おかしい」と声高に叫んでも仕方がないというのが私の考えです。

上司の「ネクストステージ」を手伝う

上司を攻略するときの方法として、他にも、上司のネクストステージを手伝うということがあります。

何か自分に手伝えることはないかという意識を持ちながら、上司と積極的にコミュニケーションを取るようにするのです。

コツは、**「普段、あまり人からたずねられないようなこと」を聞く**ことです。

たとえば、「なんで、この仕事をしているんですか?」というようなズバリ本質的な質問をしてみるのもよいでしょう。

唐突に思えるかもしれませんが、上司が何を大事にしている人なのかがわかると、次のアクションが取りやすくなるのです。

上司がもう少しで定年を迎えるという場合、間違いなく次のステージを意識しています。

仕事で次のステージを意識しているのなら、次のステージのお手伝いをできるようにするのです。

「定年後は、どんなことをする予定なんですか？」と聞いてみます。

そうすれば、「新たに会社をやりたい」「田舎に帰って農業をやりたい」「将棋を究めたい」「世界中の秘境をまわってみたい」など、何かしらやりたいことが答えとして返ってくるはずです。

その話を聞いて何をするかというと、その人のやりたいと言っていたことに関する情報を集めるのです。

たとえば、田舎に帰って農業をやりたいという人には「実家はどちらですか？」「畑を借りる場所の予定とかビジョンとかおありですか？」と聞いたうえで、その人の地元の役所に電話をして「いま、農地の貸し出しはされていますか？」とヒアリングしてみるのです。

その情報をその人に伝えれば、

「頼んだわけでもないのに、そんなことまで調べてくれたの？　ありがとう。地元に帰ってからやるイメージがちょっと湧いたよ」

などと、ものすごく喜んでもらえました。そこから、その上の人が私に笑顔でいろいろと話してくれるわけです。

「俺もちょっと頑張るわ」と言って、こちらの仕事を手伝ってくれたりもします。やっぱり、自分の夢を誰かが応援してくれるのは嬉しいものなのです。


人を紹介するには人脈が必要ですが、情報であれば、いくらでも自分から取りにいけます。取りにいった情報を伝えるだけで、相手は喜んでくれるのです。

喜んでくれるとどうなるかというと、返報性の法則が働いて頑張ってくれます。

この繰り返しです。

その結果、どうなるか？

私が農業の情報を伝えた人はすでに定年退職をしていて、いまでも毎年野菜が我が家に届きます。

私の家族だけではとても食べきれないので、近所に配ります。するると、近所の方々とすごく仲良しになる循環が生まれます。しかも感謝までされて。

会社の中で与えられたアウトプットをするために、部下に指示するだけでは、人間関係なんて構築できません。

会社で一緒に仕事をする人は、仲間であり、広い意味で家族です。その家族が何年後かに外に旅立つとしたら、自分はどう関われるのだろうかというところまで意識を広げて仕事をしてみると、人との関わり方が自然と変わってきます。

会社を離れたら、その人との付き合いも終わり、では、少しもったいないと私は思うのです。

「ボトムアップ」でも組織は変えられる

「意思決定は会社全体に関わることなので、自分だけ改善しても無駄に終わる気がする……」

私は、様々な企業で研修やコンサルティングをしていますが、このような半ば諦めたようなセリフを聞くことがあります。

たしかに、組織は、現場の人間ひとりが変わるだけですぐに変わるものではありません。トップダウンが必要なこともあるでしょう。

私がコンサルティングをするときに、「トップから変わりましょう」とトップの人を呼んでお話しさせていただくこともあります。

とはいえ、絶対にボトムアップではダメかというと、そんなことはけっしてありません。1つのチームが成果を出し続けるようになれば、「最近、あの部署は調子がよさそうだけど、いったい何が変わったのだろう？」と社内で注目されるかもしれません。

他のチームのリーダーだって、喉から手が出るほど成果がほしいわけですから、やり方を真似するチームが少しずつ出始めて、最終的に組織全体に広がっていく、ということだってあり得るわけです。

自分の会社の経営者や上司、同僚などのやり方に不満や愚痴をこぼす人がいますが、他人を変えようとするのは至難の業です。

研修でもよく言うのですが、**他人を変えるよりも、自分を変えるほうがはるかに簡単**です。

自分が変わらないまま、相手だけに変わることを期待しても、現状はなに1つ変わりません。

まずは、自分が変わることが第一歩です。

そうすれば、必ず道は拓けるはずです。

第2章

リーダーは2分で決めろ！

2分で意思決定できる「しくみ」をつくる

前章で、リーダーの意思決定における4つのルールについて解説をしました。

その中で、意思決定のスピードを上げるためには、「自走する部下」を育てることと共に、「部下が自走するしくみ」をつくることも重要だとお話ししました。

本章では、その「部下が自走するしくみ」について、具体的に解説したいと思います。


まず、「しくみ」とは、週1回の部内の定例会議のことです。

この会議の場で取り上げる議題は、「メンバードリブン」の案件です。

提案者は3分以内でプレゼンテーションを行い、10分以内でディスカッションを行います。

そして、マネジャーの私は、1つの案件に対して2分で意思決定します。定例会議を「部下が自走しやすいしくみ」にすることで、部下が自発的に仕事に取り組めるようになります。

また、しくみ化するときに極限まで効率を追求することで、意思決定のスピードも極限まで上げられるのです。

では、さっそく次項から2分で意思決定できる会議のしくみについて、具体的に解説をしていきましょう。

会議＝害悪ではない

しくみの話の前に、会議についてそもそもの話をしておきたいと思います。

会議について「時間とコストがいたずらにかかるばかりで無駄だ」という風潮が広まりつつあります。

たしかに、単なる「情報共有」「伝達」「調整事項の確認」のための会議になっている会社が多いようです。

いまの時代、情報共有や伝達だけなら、クラウドや社内システムを活用すればこと足ります。調整事項の確認も、ビジネスチャットなどのチームコミュニケーションツールを使えばできてしまいます。

それでも私は、やはり「会議」は必要だと思います。

デジタルツールによって、会議をある程度までは補完できますが、〝完全に〟

は代替できません。なぜなら、**デジタルツールでは、コミュニケーションに必須の「情報」が得られない**からです。

たとえば、「わかりました」という同意のひと言を取っても、はたして、それが前向きな同意なのか、周囲に合わせてのなんとなくの同意なのか、嫌々ながらの同意なのか、解釈が隠されています。「わかりました」という文字情報だけでは、言葉を発した人の裏にある気持ちまで読み取ることは難しいのです。

もう1つ理由を挙げるとすれば、**シナジー効果**です。

成果を出し続けるチームをつくるためには、**部下たちの力を掛け合わせて「シナジー効果」を生み出すような資本集約型の働き方をする必要があります**。

本章で解説する会議のしくみをつくることで、資本集約型の働き方を促し、部下の仕事を平準化できるという効果があります。

仕事を平準化しながら、シナジー効果を最大化することで、成果を出し続けるチームに進化することができるのです。

定例会議の頻度は週1回

会議の頻度は、週1回です。

案件の数を絞り込み、ディスカッションをしながらスピーディーに意思決定をします。

私は、基本的に1週間という時間を1つのサイクルとして捉えています。

リーダーになった当初は、週に会議を2回行っていたこともありましたが、なんとなく通常の生活サイクルと合わないので調整がしにくかったり、心理的な負担が生まれやすかったりしました。

会議に向けた準備も、週に2回行うことになります。

これは部下にも自分にも大きな負荷となってのしかかってきました。まさに、「会議のための会議」が発生する頻度を増やす元凶になってしまったのです。

とくに話し合わなければいけないことはないのに、会議があるからといって無理やりに何かしらの議題をつくろうとすることも見受けられました。

その点、週1回にすれば、自然なサイクルの中に埋め込めるので、定例化しやすくなります。

また、週1回の頻度で意思決定をしていけば、組織全体、あるいは市場全体のスピードに取り残されることもありません。

ただし、議題が少ない場合は短縮開催にしたり、議題がない場合は会議自体を中止にしたり、臨機応変な対応をします。

ルーティーンにして、会議を必ず週1回行わなければならないということではありません。

定例会議の時間は30分がいい

会議と聞くと、みなさんはどれくらいの時間の会議をイメージしますか？答えとして多いのは、「1時間」という単位ではないでしょうか？

ただ、会議が1時間である理由を問われたら、明確に答えられる人は少ないと思います。

1時間もあると、なんとなく「もったいないので」「せっかくだから」と、あれもこれもと話が広がってしまいやすくなります。

私自身もプレーヤー時代に数多く経験しましたが、情報共有や報告・伝達などに多くの時間を割いたうえ、本来の議題から外れた情報まで共有され、肝心の意思決定のためのディスカッションはほとんどされなかった、ということが往々にして起こるのです。

そこで、私は、チームの定例会議は30分を基本にすることで物理的な制約をつくり、意思決定に集中しやすい環境に変えたのです。

会議の前半15分は情報共有や伝達、進捗確認などの場です。

その中で対処すべき課題や調整が発生したら、役割を分担してすぐにアクションを起こします。

週1回の定例会議で進捗確認をすれば、たいていの課題は大きな問題に発展する前に対処できます。

案件が滞ることも少なくなるので、高いモチベーションを維持したまま結果も出せるようになります。

後半15分は、部下のプレゼン、ディスカッション、そして意思決定の場です。

たった15分しかないと思われるかもしれませんが、人間の集中力のピークは15分とされています。

15分で意思決定まで行うことは、じつは理にかなった方法なのです。

会議の時間配分

会議の前半 15分

- 情報共有
- 伝達
- 進捗確認

会議の後半 15分

- 部下のプレゼン
- ディスカッション
- リーダーの意思決定

定例会議で押さえるべき3つのこと

定例会議には、リーダーが押さえておくべき3つのポイントがあります。これらをしっかり押さえることで、会議がより機能しやすくなります。

1つ目は、「企業理念や経営方針、経営戦略などの共有」です。

企業理念や経営方針は、現場から「遠い話」と捉えられておざなりにされがちですが、じつはとても重要です。なぜなら、すべての組織、チームの活動の基本であり、意思決定の判断基準にも大きな影響を与えるものだからです。

ソフトバンクであれば「情報革命で人々を幸せに」という経営理念を掲げているわけですから、「利益は大きいけれど、人々が幸せにならない」という理念に反するアクションをしてはならないことになります。

注意しなければいけないのは、方針や戦略は随時更新されていくものだということです。

チームの方向性が会社とズレてしまうと、せっかくアウトプットを出しても会社から評価されにくくなってしまいます。

みなさんにも、上司から振られたタスクを行い、なんとか手こずりながらも完遂して報告に行ったら、「それはもういいから、こっちをやってくれないかな?」と言われてしまった経験はないでしょうか?

小さなことですが、報連相のタイミング1つで上司と部下に認識のズレが発生することはよくあるのです。

たとえば、私が現場のリーダーだったときは、昨日まで競争優位性の優先順位としてコールセンターでの受電率アップが最優先だったのに、競合他社が新料金プランを発表したため、その対応アクションのほうが最優先になってしまった、といった類の話は、日常茶飯事でした。

部下が軌道修正をするのは難しいので、リーダーが会社の変化につねに気を配り、チームのかじ取りをしていくことが大切です。

私は、定例会議でディスカッションをするときに、メンバーの議論の中身を確認するだけでなく、**「これは企業理念や戦略に合っているか？」と、ソフトバンクの「理念・方針・戦略」に照らし合わせ、また、部下たちにも問いかけるようにしていました。**

そうすることによって、部下が日頃行動するときも、自分自身で「理念・方針・戦略」を意識するようになり、「それなら、こうしたほうがいい」と、自分自身で判断できるようになります。

2つ目が、チーム目標の共有です。

期初、月初などに決まる事項をチームメンバーで共有します。

チーム目標の中に新規案件、新規プロジェクトが含まれていれば、それらに対する共有も行います。

さらに、上から降ってくる突発的な案件への対処法に関する意思決定も外せません。どんなに事業が順調だったとしても、現場にはトラブルがつきものですし、上層部から突然指示が出てくることは日常茶飯事です。

それらを〝いつまで〟に〝誰が〟〝どのように〟やるのか、そのためのリソースはどうするのか、をリーダーが判断します。

他セクションへの協力依頼が必要であれば、それをもらえるようにするのもリーダーの役割です。

最後の**3つ目が、部下の状況を観察すること**です。

人間は、ロボットではありません。当たり前の話なのですが、目の前の仕事に追われると、意外と陥りやすい落とし穴です。

個々の健康状態や抱えている業務の負荷、心理的なプレッシャーなど、様々な要因によって人のパフォーマンスは変わってきます。

業務に忙殺されると、個々の部下の状態が見えなくなりがちです。そこで「異変」を見逃してしまうと、あとから部下本人にもチームにも大きなマイナスとなって表れてくることも少なくありません。

日常業務の中では、部下全員に目を配るのは難しいと思います。

そのため、定例会議の場を活用するのです。

「部下は集中できているか？」
「部下の表情はどうか？」
「大事なことをちゃんとつかめているか？」

このような点に注意を向けると、部下の個々の状態が見えやすくなります。あるいは、部下が他の部下と会話をしているとき、相手の発言に対するリアクションなどからも、それぞれの関係性を把握できます。

ただし、定例会議で何らかの異変に気付いた場合、その場では直接アクションを起こさないほうがベターです。

通常業務の中でその部下に意識を向け、気になる部分があれば個別に、他の部下がいないところで1対1のミーティングなどを行うのがよいでしょう。

成果を出し続けるためには、チーム全員が健康を保ちながら働くことが、とても重要です。

チーム全体の健康状態を把握し、必要であればよくなるためのアクションを起こすのも、リーダーにとって大事な仕事なのです。

様々な会議をデザインする

「貴重な時間を使って、せっかく部下を集めて会議を開くわけだから、できるだけ多くの議題を上げて意思決定したほうが生産的では？」

そんなふうに考える人も多いかもしれません。

しかし、意思決定のスピードを上げ、数を増やしていくには、逆の考え方をしたほうがいいと私は思っています。

ソフトバンク時代、私は定例会議だけでなく案件を最少化した会議、つまり、「ミーティング」を頻繁に行っていました。

メンバー全員が集まる定例会議には、すでにお話ししたように、様々な共有・確認をその場で行って、チームのエンジンを回していくメリットがある一方で、出席者全員の時間を拘束してしまうというデメリットもあります。

そこで定例会議以外に、次のような会議も同時に回していくようにします。

- **少人数ミーティング**
- **1対1のミーティング**
- **ブレストミーティング**

たとえば、何らかの問題が発生したときには、リーダーが担当リーダーと数人の部下を集めて問題解決チームをつくるようにします。

マネジャーは、基本的に担当リーダーとの間でやりとりを行い、解決に向けたプロジェクトを進めます。

担当リーダーを柱とする問題解決チームでは、担当メンバーと少人数でのミーティングを行いながら動きます。

その中で、より多くのアイデアが必要になればマネジャーとも相談して他のメンバーも集めてブレストを行い（外脳の活用です）、そこで得たものを再びチームに持ち帰るのです。

最小限の人数なので意思決定しやすく、結果的に問題を速く解決できるようになるわけです。


すべて定例会議で行ってしまうと、当然、時間がかかります。

問題解決の案件を1週間に一度の会議で決めていては、スピード感が失われてしまいます。

「一応、みんなの意見も聞いてから……」などとリーダーが言うのは、責任逃れにすぎません。

そうではなく、必要に応じて全員での会議、少人数、1対1と様々な会議をデザインすることで、意思決定の速さと決断の質が高まっていくのです。

提案書をフォーマット化し、2分で意思決定する

前にお話ししたとおり、会議の前半15分は情報共有や伝達などの場で、後半15分が部下から提案された案件への意思決定の場になります。

後半15分の内訳は、次のとおりです。

1. 提案のプレゼン　3分
2. ディスカッション　10分
3. リーダーの意思決定　2分

「こんな短時間で本当に1つの案件をしっかり検討することなんてできるの？」と疑問に思う人も多いかもしれませんが、「工夫」をすれば十分可能です。

カギになるのは、**提案書**です。

提案書は、いわばプレゼンの「台本」です。

その台本の内容が的外れだったり、整理されていなかったりすると、短時間では意思決定までたどり着くことは到底できません。

そこで、左のような統一フォーマットを活用します。

そうすれば、作成も手間がかからず、マネジャーやメンバーが見ても「何が書かれているか」が一目瞭然になります。

もし、各自がバラバラのフォーマットで提案書を作成していると、そのたびに何がどこにどう書かれているのか読み解くのに時間がかかってしまいます。

提案書がフォーマット化されていると、同じような案件が発生したときも過去の提案書を参照するだけで、もう半分以上やることが見えてきます。

提案書のフォーマット化の例

販路拡大の施策について	
課題	売上が減少傾向（対前年比80%） 前期2000万円→今期1600万円
原因	競合Ｂ社が新商品でシェアUP マーケットシェア Ｂ社１位（32%） 当社２位（30%）
解決策	競合Ｂ社の納品先である△△会社の販路を当社に切り替えていただく ※すでに先方からは内諾済み
効果	△△の売上500万円増 マーケットシェアNo.1の獲得
スケジュール	３月：△△社との商談 ４月：△△社との契約 ５月：切り替え実施
コスト	リプレース費用：20万円 ※初年度回収可能

フォーマットを埋める形で作成された提案書であれば、２分で意思決定できるようになる

また、新しい提案をするときも、提案書のフォーマットがあるとすぐに立案作業にとりかかれます。

フォーマットがないと、一から自分で何を書くか考えなければいけません。それが大きな負担になるので、ただでさえ忙しい業務の中で「面倒なことは後回し」され、結果的に意思決定に時間がかかってしまうのです。

プレゼンには、サマリーとアペンディックスを用意する

提案書をフォーマット化するときに大切なことがあります。

それは、会議やプレゼンにおいて**「サマリー＝要点」と「アペンディックス＝詳細」をセットにする**ことです。

仕事全般に言えることですが、相手に何を伝えたいのかわからないコミュニケーションは、お互いに時間のロスでしかありません。

そこで、「要するに何が言いたいのか」を「サマリー」として、まず相手に伝えます。

そのあとで、細かいデータや補足説明をする「アペンディックス」を用意するのです。

最初のプレゼンで、「これはこういう話だ」という話のポイントが相手にきちんと伝わり、会議やプレゼンで共有されれば、あとは各自が確認したい詳細をチェックするだけになるので、意思決定も当然速くなるわけです。

ところが、抜けや漏れを怖れたり、上の人から「この場合はどうなの？」と質問されることを想定したりして、あれもこれもと詰め込んだプレゼンをしがちです。詰め込まれたプレゼンは、時間がかかる割に、何をどうしたいのかが相手にまったく伝わりません。

そして結局、「検討不足で決められないから、また次回に」という結果に終わってしまうのです。

そうならないためにも、**絶対に伝えたい重要な「サマリー」と、それ以外の補足要素「アペンディックス」を最初から分けておく**のです。

たったこれだけのことで、プレゼンが成功する確率は高まります。

意外なほど、やっている人が少ないというのが私の印象です。

ポイントは、**プレゼンに参加している意思決定者が「何を重視する人なのか」**

を事前に把握しておくことです。

たとえば、意思決定者がコストを重視する人なら、解決策や効果のところにコスト項目が入っていないとプレゼンの中身を受け取ってもらえない可能性が高くなります。

意思決定者、決裁者がもっとも気にすることを「サマリー」で強く打ち出しておくと、当然ですがプレゼンに身を乗り出してもらえるようになるのです。

「あえて質問したくなる」サマリーにする

会議やプレゼンで「サマリー」と「アペンディックス」を使うことは、自分への信頼を高めることにもつながります。

たとえば、私がソフトバンク時代に、携帯電話の機種代金を分割払いできるようにしたプロジェクトに参画したときのことです（いまではすべてのキャリアが導入しています）。

分割払いを可能にするには、割賦販売法という法律を適用する必要があります。ショップの店頭で、どういう書類が必要になり、どんな手続きを踏まないとならないのか細かく規定されているわけです。

本来、専門のセクションでなければ通信会社の人間はそうした法律や手続き内容に詳しくありません。

上の人たちも、細かい内容を把握するのは難しいのです。

そこで、私のセクションがいろいろと調べて精通するようになると、上の人たちの会議にオブザーバーとして入るようになり、わかりやすい資料をつくって持っていくようになりました。

資料にもいろいろな用語が出てくるので、用語の意味の説明も求められます。それでも、**資料に載せるのは絶対に重要な内容のうち7割ほどにとどめます。残りの3割は、アペンディックスにしておく**のです。

そうすると、意思決定者は資料に「書かれていないこと」が気になり、我々に質問をしてきます。

当然、こちらは理解しているので、きちんと答えます。

それによって、「こいつはよく知っている」と相手が納得して、我々への信頼感が増すことにもつながります。

もし、資料に全部書き込んでしまうと、今度はそこに書いていない、ほとんど誰もわからないような細かいことを聞かれるようになってしまいます。

けれども、そこまで細かいことは意思決定において重要ではないので、カバーしようとすれば、余計な時間がかかって意思決定が遅れる要因になってしまいます。わからないことが出てくると、聞きたくなるのが、人間の心理です。

その心理を逆手に取って、あえてすべてを書かずに7割でとどめ、残りの3割を相手が「聞きたくなる」ようにして答えられる準備をするのが、会議で信頼を得るコツなのです。

もちろん、業務を遂行するうえでは、あらゆる事柄を想定し、準備をした状態でサービスリリースに臨んでいました。

限られた時間で意思決定してもらうことと、エンドユーザーに向けた想定を抜け漏れなく行うこと、チェックすることは別の話であるということはしっかりと理解して使い分けてください。

KPIをつくって会議をより効率的に

会議をより効率化させるコツとしては、案件やプロジェクトの進捗状況を評価する指標を定めることです。

そのために不可欠なのが、KPI（Key Performance Indicator ＝重要業績評価指標）です。

実行計画時（P）の段階でKPIを設定し、実行（D）した結果をKPIに照らし合わせて検証（C）、次の行動（A）を決めるために活用します。

KPIを設定するときに大切なのが、できるだけ主観を排して定量的に判断できるように「数値化」することです。

数値化するのが難しい場合もありますが、すべてが「感覚」のような定性的な指標になると、意思決定がしにくくなります。

なぜなら、「売れている」という検証結果も、どれくらいの数量、あるいは金額なら「売れている」と評価できるのか、数値化できないと、人によってアクションがバラバラになるからです。

また、数値化と同時に「達成までの期間」と「検証のタイミング」を定めることも重要です。

時間の制約のないビジネスなんて、ほとんどありません。

したがって、「いつまでに」「どれぐらい」の達成状況が望ましく、そのためには「どのタイミングで」検証するのかが定まっている必要があります。

ゴールが半年後であれば、たとえば、その中間の3カ月時点で、ある程度まで先が読めるようになっていないと、そのまま進める場合は改善ができませんし、中止する場合は、その意思決定ができません。

ＫＰＩがあると、大きなズレが見えた段階で、検証タイミングを待たずに個別のミーティングをするなどの対応がとりやすくなるのです。

案件やプロジェクトは「数値化」して報告する

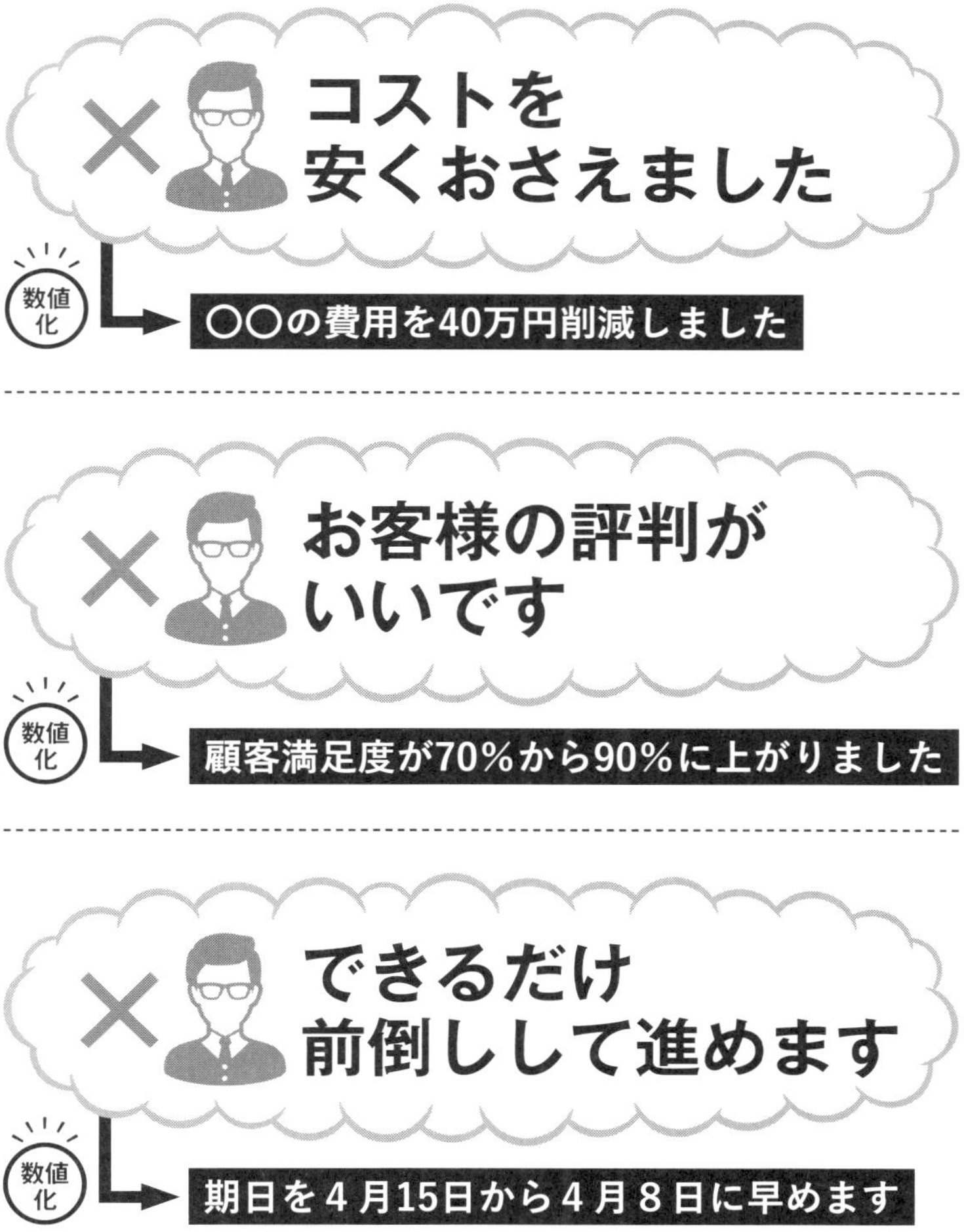

「上司の意思決定」のスピードを上げるストーリーをつくる

「会議やプレゼンにおいて、上司がなかなかOKを出してくれない……」

このような悩みを抱えるリーダーが多いようです。

こういったケースの中には、リーダー自身の提案やプレゼンテーションのストーリー自体に問題があることも少なくありません。

プレゼンは、どのようなテーマ（主題）であっても、基本のロジック（論理構成）は同じです。この点をきちんと理解しないまま、提案やプレゼンのストーリーをつくってしまうと、相手に意図が正しく伝わらなくなってしまいます。

とくに社内プレゼンにおいては、次の4つの要素が順番どおりになっていることがポイントです。

《課題》→《原因》→《解決策》→《効果》

そして、それぞれの要素が、

「それは、なぜか？」

「だから、どうする？」

「すると、どうなる？」


というワードでつながって1つのストーリーを形成していることが重要です。

この2点をクリアしていれば、自動的に、破たんのないロジカルでわかりやすいプレゼンになります。

たとえば、クレームが発生した場合は、次のようなストーリーになります。

クレームが発生しました。（課題）
↓
スタッフ対応においてマニュアルが不十分でした。（原因）
↓

マニュアルの改定とレクチャーを1週間で行います。（解決策）

↓

今後、クレームの発生を0に抑えることができます。（効果）

もちろん、実際の業務においては、1つの案件やプロジェクトの中にいくつもの課題が含まれていることがよくあります。

そういったケースでは、上司にすべての課題の解決策の決裁をもらえないと進められないということが起こります。

どうすればいいかというと、複数の課題があった場合、まとめてOKをもらおうとせず、最重要かつ最優先の課題に絞ってプレゼンをするのです。

「人員増員」が最重要かつ最優先なら、そこでOKをもらっておけば、仮に5人の増員がNGになっても増員そのものは承認されているので、人数の調整だけで済みます。

すべての課題でまるごと意思決定してもらおうとすると、いろいろなダメ出しが出てしまい、人も増やせず何も進められないという事態に陥りやすいので注意しましょう。

社内プレゼンは４つの要素を順に説明する

1 課題 簡潔に言うと、どんな内容なのか？
2 原因 なぜ、そのような課題が発生したのか？
3 解決策 どうすれば、解決できるのか？
4 効果 解決策を実行すると、どうなるのか？
なるほど！

「相手の感情」を動かすストーリーをつくる

プレゼンが必要な場面は、社内だけとは限りません。

とくに、様々なバックグラウンドを持った人と協働してプロジェクトを進める場合、社外の人にも共感と納得をしてもらう必要があります。

そのときに重要になるのが、**「相手の感情」**です。

「社内プレゼン」と「社外プレゼン」の、もっとも大きな違いがここにあります。

社内は、基本的に「利害や理念を共有する人たち」、つまり仲間なので、最初から自分のプレゼンに「聞く耳」を持っています。

しかし、社外の人は、そうではありません。そもそもプレゼンを聞く義務も、こちらにとって望ましいアクションを取る必然性もないわけです。したがって、まずは相手の「感情」を動かして、聞く耳を持ってもらわないといけません。

では「感情を動かす」には、どんなストーリーが必要でしょうか？

先ほどお話しした、《課題》→《原因》→《解決策》→《効果》の4つの要素だけでは十分ではありません。

それだけだと、「あなたが言っていることは理解できるが、どうして自分たちがそれをやらないといけないのか？」という感情を抱かせてしまい、相手を前向きにすることはできないからです。

そこで、**相手にきちんとロジカルに迫りながらも「感情に訴えるストーリー」も同時に走らせる**のです。

それが、次のストーリーの軸です。

《共感》→《信頼》→《納得》→《決断》

4つの要素は、次のような問いに答える形で内容を決めていきます。

1. 共感

なぜ、この提案が重要なのか？

2. 信頼

提案者には、どんな実績や根拠があるのか？

3. 納得

実行することで、どんな特徴や効用があるのか？また、どんな未来像が描けるのか？

4. 決断

決断への最後のひと押し

たとえば新商品の掃除機を提案する場合は、次のようになります。

掃除機をかけても綺麗になった気がしないことがありませんか？（共感）

↓

ハウスダストなど今までに取れなかったものが通常の5倍取れる掃除機が発売し

社外プレゼンは４つの角度から「感情」に訴える

1 共感
なぜ、この提案が重要なのか？
2 信頼
提案者には、どんな実績や根拠があるのか？
3 納得
実行することで、どんな特徴や効用があるのか？また、どんな未来像が描けるのか？
4 決断
決断への最後のひと押し
ふむふむ！
なるほど！

ました。世界トップシェアの〇〇の新商品です。（信頼）

↓

ハウスダストが原因でアトピーのお子様が、この掃除機に変えてから完治しました。（納得）

↓

今ならお持ちの掃除機を下取りすることが可能です。（決断）

「そうだよ、これは自分たちの問題だよ」という共感。
「この人の話なら聞く価値がありそうだ」という信頼。
「たしかに、それなら解決できそうだ」という納得。
「よし、やってみよう。そのためにもっと詳しい相談をしよう」という決断。

この4つの要素が押さえられていると、自分たちと利害や理念を共有していない相手であっても、スムーズに同じベクトルで意思決定してくれるように持っていくことができるのです。

第3章

部下の「報連相」が変わると、決断のスピードも上がる

「自走する部下は放っておくことで育つ」は間違い

「部下は、放っておいても育つ」

こんな勘違いをしているリーダーがいます。

何を隠そう、かつての私自身のことです。

リーダーになった当初の私は、多忙を極めていたこともあって部下育成なんて面倒くさいと思っていました。

「背中を見せれば、それで部下は育つんだ！」と自分に言い訳をしながら、部下を「ほったらかし」の状態にしていたのです。

そして、私が他のチームに異動したところ、それまで私の下でちゃんと成果を出していた部下の成績が急降下するという出来事が起きてしまいました。

このときになって、ようやく私は「部下育成」に関して、言い逃れが一切できない状況に追い込まれてしまったのです。

当時の上司からは、「前田は、なぜ部下にきちんとノウハウを教えていないんだ！」とひどく叱られました。

ノウハウ自体は部下に教えているつもりだったので、「いや、私もちゃんと伝えていました」と答えたものの、上司は「じゃあ、なんでこんなことになるんだ！」と、さらにヒートアップしてしまいました。

たしかに、当時の私は部下にノウハウを教えていました。

でも、それは、ただ説明をしている〝だけ〟だったのです。

部下は、私の説明の裏側にある意図や目的を理解せず、言われたことをそのままやっているだけでした。

当然、私が抜けてしまえば、同じことができなくなります。

「前の部署のことなんて自分は関係ない」という無責任な態度は、もちろんとれないので、完全に自業自得ですが、新しい部署の仕事をしながら、同時に前の部署のフォローをするという自分のキャパを大幅に超える環境になりました。

このとき、「部下は放っておいても育つ」は誤りであり、単なる甘えの発想だということを痛感したのです。

もう1つ、よく見られるリーダーの勘違いとして、部下の評価をすることだけを部下育成だと思ってしまうことが挙げられます。

現在、人事評価制度として、MBO（Management by Objectives：目標管理制度）を導入している企業が多くなったので、このような認識をより持ちやすくなっているのかもしれません。

もちろん、部下の評価もリーダーの重要な業務なので、しっかりと行う必要があります。

ただ、部下育成とは、部下の評価だけを指す言葉ではありません。

部下育成において、もっとも大切なのは、「リーダーとして部下をどのように育てたいか」というビジョンをしっかりと持ったうえで、部下の成長の手助けをすることなのです。

チームが一丸となって働くことを目指す

「リーダーは、結果を出すのは当たり前。大事なのは出し方だ」

ソフトバンク時代に、私が上司から言われた言葉です。

「部下に頼んで修正に手間取るぐらいなら、最初から自分がやったほうが早い」

このような考えを持つリーダーがいますが、こういうチームは、たいてい部下たちがバラバラに仕事をします。

そのため、各自のアウトプットが属人化してしまい、アウトプットを積み上げるだけの労働集約型の働き方になってしまうのです。

労働集約型は、アウトプットの数が限定的なので、突き抜けた成果を出すことはできませんし、部下も育ちにくくなります。

さらに、アウトプットが部下ひとりひとりの能力に大きく左右されるので、チームのパフォーマンスが不安定になります。
自分自身がプレーヤーとして優秀な実績を出しているリーダーほど、この状態に陥る危険性が高くなります。

成果を出し続けるチームをつくるためには、部下たちの力を掛け合わせて「シナジー効果」を生み出すような資本集約型の働き方をする必要があるのです。

リーダーと部下のコミュニケーションが深まれば深まるほど、チームのシナジー効果は大きくなっていきます。リーダーは部下としっかりコミュニケーションを取って、信頼関係を築いていく必要があるのです。

労働集約型では突き抜けた成果は出せない

☒ 労働集約型

- 各自がバラバラに仕事をする
- アウトプットが限定的
- 突き抜けた成果は出せない

◎ 資本集約型（ノウハウ型）

- チームが一丸となって働く
- アウトプットは無限大
- 突き抜けた成果が出せるようになる

部下育成がうまくいかない本当の理由

「私はコミュニケーション能力が低いので、部下とうまく関係が築けません……」

マネジメント研修をしていると、このようにこぼすリーダーがたくさんいます。

でも、これはちょっと不思議な現象でもあります。なぜなら、多くの企業が、採用時にコミュニケーション能力が高い人材かどうかを見ているからです。

経団連が実施した「2017年度新卒採用に関するアンケート調査」によると、企業が採用選考時に重視する要素として、「コミュニケーション能力」が1位となっています。しかも、15年連続で1位です。

したがって、ほとんどのリーダーが、コミュニケーション能力に優れている可能性が高いのです。これは部下も同様です。

部下とのコミュニケーションがうまくいかないのは、リーダーに「コミュニケーション能力がない」からではありません。

いま、多くのリーダーが膨大な仕事を抱えていて、業務をこなすことに手一杯になっており、そもそも、部下と「コミュニケーションを取る時間」がないのです。

ということは、部下とのコミュニケーションをしっかり取る時間を確保できさえすれば、部下との関係は大きく改善できるということになります。

部下を理解するためには、絶対的に「時間」が必要です。

私の経験上、部下との関係は、部下のために使った時間の分だけ、深めることができました。「返報性の法則」で、部下も、自分に多くの時間を割いてくれるリーダーに対して、好意的な感情を抱いてくれるようになります。

「部下を理解するといっても、人が考えていることなんて本当にはわからないのでは？」と疑問に思う人もいるかもしれません。

たしかに、人を理解することは、簡単ではありません。でも、たとえば営業職であれば、クライアントがどんな考え方や価値観を持っていて、どんなことを自分に期待しているのかを理解することは当たり前のようにやっているはずです。

現在、私は書家としてもクライアントから依頼を受けていますが、そのときも、やはりクライアントを理解することからすべてが始まります。むしろ、最初から最後まで一人で完結してしまう仕事のほうが少ないと思います。

仕事をするうえで、じつは部下育成に限らず、「人を理解すること」は欠かせない要素なのです。私からすると、クライアントを理解することも、部下を理解することもまったく同じです。

いきなり肩に力を入れて、「部下を理解するぞ!」と意気込む必要はありません。

まずは、部下と共にする時間を増やすことを心がけてみてください。

そうすれば、自ずとこれまで気付かなかった部下の一面が見えてくるはずです。

仕事はそのために与えられた時間いっぱいになるまで膨張する性質があります。「この案件が一段落したら、部下とのコミュニケーションの時間を取るようにしよう」などと後回しにしようとすると、すぐに別の案件が転がり込んできて、いつまでたっても部下に使う時間は増やせません。

部下と信頼関係を築くため、絶対にコミュニケーションの時間を確保する。

まずは、このような決意をすることが、部下育成の第一歩です。

「部下との時間」のつくり方

では、多忙を極める中、部下との時間を新たに確保するにはどうすればよいでしょうか？

私が実践してもっとも効果があった方法は、**自分が出席する会議を減らす**ことです。

まずは、既存の会議を「削る」ことを考えます。

「削る」といっても、いろいろな削り方があります。

「時間を削って短くする」「回数を削る」「人数を少なくする」といった工夫をしましょう。

自分が出席しなくても、情報を得られれば問題のない会議については、思い切って出席すること自体をやめてしまいます。

これだけで、自分が席にいられる時間は確実に増えていきます。


そして「自分が出ない会議」「部下に任せる会議」が決まると、自動的に、自分が絶対に出なければならない会議も決まります。


自分が出なければならない会議とは、どういう会議でしょうか？

自分が主催している会議ではありません。それは出て当たり前です。

そうではなく、前にお話しした、自分の上司が出席している会議です。

部下とのコミュニケーションの時間を確保し、かつ、自分の上司が出ている会議に出るためにも、既存の会議を削ったり、どんどん部下に任せたりしていく必要があるのです。

「雑談」は、部下のアウトプットの質を高める

自分のやり方をそのまま部下に真似させて、自分のコピーをつくろうとするようなリーダーがいます。

部下をほったらかしにしていたかつての私よりは部下育成をしていると言えますが、そのやり方でも、やはりリーダーの下でしか成果を出せない部下が育ってしまいます。

部下育成は、リーダーが部下をひとりの人間として「理解」することから始まります。

大学時代に、私は人間関係を築くうえで、相手を理解することが欠かせない、ということを痛感しました。

私は大学で書道を専攻していました。

書道は、個人の技術を磨く世界です。

ただし、展覧会などを開催するときには、チームとしての活動も必要になります。そのときに、お互いの理解が深まっていないと、どうしても物事がうまく進んでいかないのです。

「なぜ、このような作風なのか？」「どういう書家が好きで、それはなぜなのか？」を理解しないと、相手は自分を認めてくれません。逆もしかりです。

双方が理解し合うために、私がもっとも有効な手段だと思ったのは、**「雑談」**でした。

「関係のない話題」でコミュニケーションを取ることが、相手を理解することにとても役立つのです。

たとえば、書道とは関係のない、ポップアートの世界のアンディ・ウォーホルの話をしたりして、何気ない雑談の中から相手の嗜好を探っていました。

いまなら、相手のＳＮＳを活用すれば、雑談のネタには困らないでしょう。

現在、仕事の効率化の観点から、雑談は悪という捉え方をされることもあります。仕事中の雑談は禁止されている職場もあるようです。

もちろん、雑談ばかりして仕事がおろそかになってはいけませんが、私は、相手をひとりの人間として理解することを大切にしているので、私にとって雑談は、けっして無駄な時間ではないのです。

部下との会話はロジカルに

私はロジカルな人間だとよく言われますが、書道の世界に携わっていることからもおわかりのとおり、本来は、論理（左脳）よりも感性（右脳）を重視する人間です。

書道という感性のウエイトが大きく占める世界において、相手としっかりコミュニケーションを取るという目的を達成するために、結果的に、ロジカルな思考とコミュニケーションの仕方が磨かれたのです。

大学時代、書道を通じて、人がお互いを理解するというのは非常に難しいことであり、じつは、コミュニケーションにおいて相手の真意を理解していないことのほうが圧倒的に多いのではないか、と思うことが度々ありました。

書道の世界において、新たな気付きを得て成長するためには、お互いの作品を批評し合う作業が大切なのですが、単に「もっとこうしたほうがいい」と言うだけでは、相手に真意がほとんど伝わらないのです。

ここに、本書でお話ししている私のコミュニケーションの原点があります。

感性が重視される世界で自分の真意を正確に伝えるために、試行錯誤しながらたどり着いたのが、次の5つの質問に1つずつ答える形で、できるだけロジカルに相手に伝える方法でした。

「相手は何が気になるのか？」
「なぜ、そうしたほうがいいのか？」
「そのポイントは、どこになるのか？」
「どうすれば、よくなるのか？」
「その結果、どうなるのか？」

このコミュニケーションは、会社に入ってから仕事をするうえでも、非常に役立ちました。

「ロジカルなコミュニケーション」というと、人によっては「一切の感情を排除した冷たいコミュニケーション」という印象を持たれることもあるようです。

でも、けっしてそうではありません。

ロジカルに伝えることは、「徹底的に相手の立場に立った」コミュニケーションだと私は思うのです。

「言わなくてもわかるだろう」は論外ですが、「話せばわかる」も、まだ自分の立場を相手に押し付ける姿勢だと思います。

自分が思っている以上に、相手は自分の話を本当は理解できていないのです。

ロジカルな伝え方を心がけることで、相手との間に認識のズレが生まれる余地が小さくなり、自分の真意が伝わる可能性はより高くなるのです。

相手の「セーフゾーン」を意識する

部下、あるいは上司と「報連相」をするとき、みなさんはどんなことを意識しているでしょうか？

一般的には、「期日」があります。意思決定者の立場からすると、期日に対していつまでに報連相があれば、ここまではセーフだなと思えるセーフゾーンがあります。もし、そこを過ぎても報連相が何もないとちょっと不安になります。

当然、「期日＝デッドライン」ですから、期日に間に合わない仕事の進め方はアウトです。

ですが、人によって「ここまではセーフ」というセーフゾーンは、バラバラなことが非常に多いのです。

極端な例では、ついさっきタスクが振られたのに、10分後には「どう？　できた？」と言ってくる人もいます。こちらは、一瞬「冗談で言っているのかな？」と思ってしまうのですが、実際にこういう人がいるのです。

とくに、スピード感をもって仕事をしている人や、タスクをたくさん抱えている人は、セーフゾーンが短い傾向があります。

そういう人は、ほんの少しの遅れでさえも不安になるので、なるべく早く報連相をするようにします。

仮に、定例会議で報告する予定になっていても、それまでに何もインプットしなかったら、その人にとっては「アウト」と同じになるわけです。

人によってセーフゾーンは異なるので、この人はどのタイミングで、どういう風にアプローチしたらよいかを事前に把握しておくことが大切です。

逆に言えば、「自分は、わりとせっかちだから、途中でも何かインプットしてほしい」と思うなら、自分がせっかちなタイプであることを部下にしっかりと伝えないといけません。

部下に伝えずに、「まだかな」と一方的に思っているのは、相手の立場に立てていないことになりますし、部下だってこちらが不安だとはわからないのです。

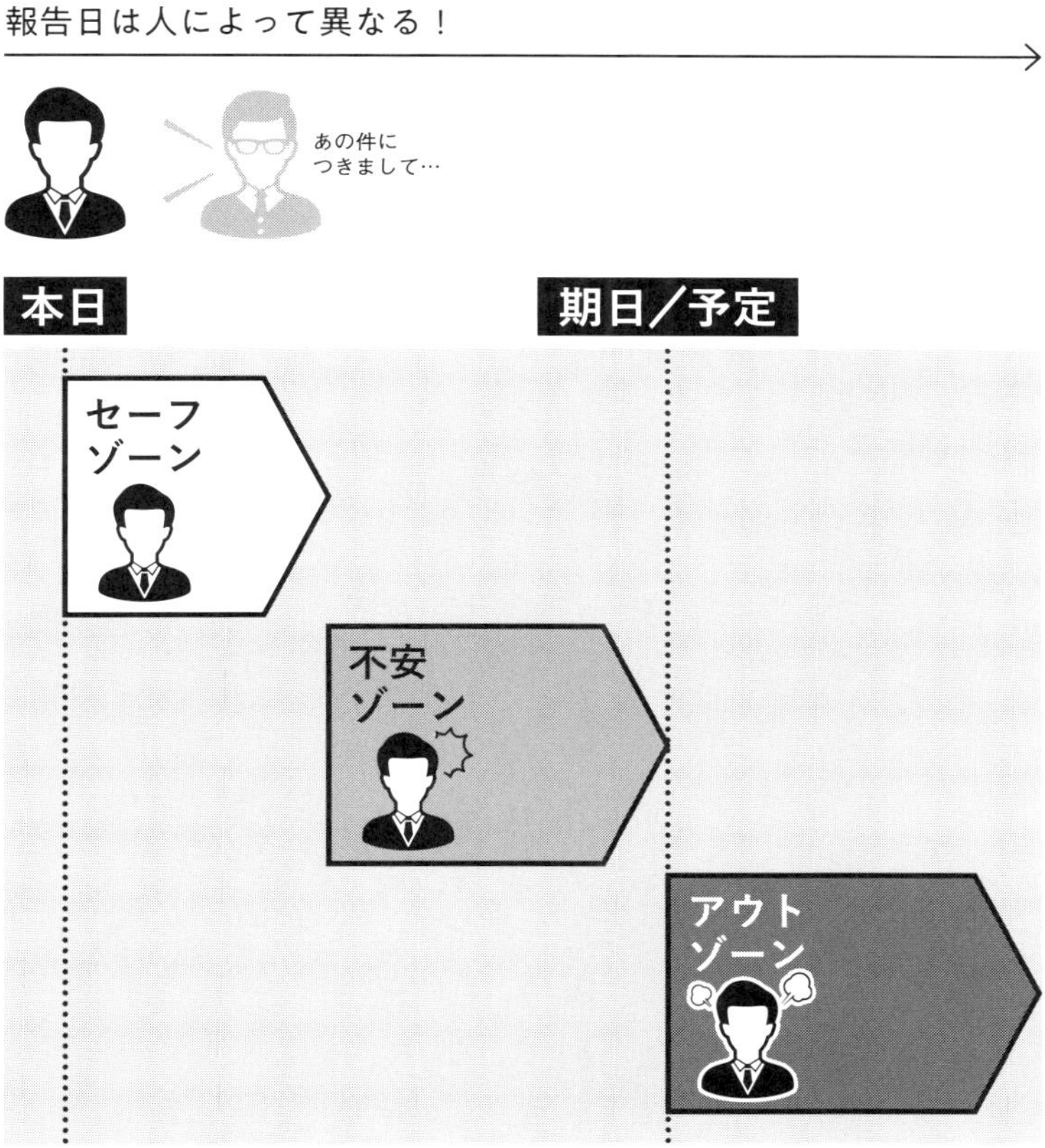

セーフゾーンは人によって異なるので、事前に把握する。スピード感を持って仕事をしている人、せっかちな人はセーフゾーンが短い

報連相をなくすことの弊害

「自走する部下」を育てるためには、報連相をあまり徹底しないほうがよいと考えるリーダーがいますが、私は、むしろ、自走する部下を育てるために、報連相を徹底したほうがよいと考えています。

部下の報連相不足は、様々な問題を生み出します。

たとえば、スケジュール管理の問題があります。

部下の「報連相」が不十分だったために、納期直前で、じつは商品が大きなトラブルを抱えていたということが発覚した場合、「時間がないから」と言ってリーダーが代わりに〝尻拭い〟をすることになりがちです。

それでは、その場しのぎに過ぎないので、自走する部下は育ちにくくなります。

現場には、止むことなく次々と新たなタスクが降ってきます。

そうなると、頼むほうも、「部下も忙しいからな」とついつい遠慮して、「できるだけ早く頼むよ」などと、期日を明確にせずに、曖昧なやりとりをすることが増えやすくなります。

リーダーは、いかなるときも謙虚であるべきです。

でも、絶対に遠慮してはいけません。

「いつまでにやるのか？」「どこまでやればＯＫなのか？」「確認のタイミングはどこなのか？」という3点は、リーダー側から必ず事前に共有を促し、部下に意識づけさせることが大切です。

リーダーが部下の尻拭いばかりしていると、「なにかトラブルがあっても、最後はリーダーがやってくれる」という甘えの思考が部下に芽生えてしまいかねません。

「トラブルを解決してくれる頼りになるリーダー」という部下の気持ちは、部下が失敗を怖れずにチャレンジする姿勢を失わないためには大切です。

ただし、一歩間違えると、部下が自立するための成長を阻害する甘えの思考を生み出す要因にもなることをリーダーは自覚しておくべきでしょう。

さらに、尻拭いばかりをしているリーダーの下では、「リーダーになると、部下の後始末というしんどい仕事をたくさんやらなければいけないので、自分はリーダーになりたくない」という昇進に消極的な部下が育ってしまい、チームのためにひいては会社のためにもよくありません。

できるだけ「自分の席」にいることを目指す

「部下が報連相をあまりしてくれない……」

そんなふうに悩んでいるリーダーには、一度、振り返ってほしいことがあります。それは、自分自身が本当に部下から報連相を受けやすい環境をつくれているかどうか、ということです。

部下がリーダーに何かを相談したくても、自分が席にほとんどいなかったとしたら、部下だけに報連相不足の落ち度を責めることはできないでしょう。

また、いつも何かにイライラしたり、焦っていたりしたら、よほど図太い部下でない限り、そんな様子のリーダーに話しかけようなんて思いません。

私の場合は、**自分の席の横に小さな椅子を置いていました。**

椅子を置くことで、部下たちに「いつでも自分の席に来て話しかけてもいいよ」という雰囲気を意識的につくっていたのです。

さらに、自分からも、あえていろいろな通路を歩くようにして、まんべんなく部下に話しかけるようにしていました。

このときも、「部下も忙しそうだから、話しかけると迷惑になるかもしれない」などと遠慮してはいけません。

そんなことをしていたら、いつまでたっても部下に話しかけることができなくなってしまいます。

そういった遠慮は、チームのためにも、部下の成長のためにも百害あって一利なしです。

部下に話しかける際には、ちょっとしたコツがあります。

部下には正面から話しかけないようにすることです。

正面で対峙してしまうと、相手に対して圧迫感を与えるからです。

そこで、部下の左側から話すようにするのです。

体の左側から入ってくる情報は、脳でクロスして右脳で処理されます。右脳はひらめきや感情を揺さぶるので、1対1で相手の話を聞いて、最後に勇気付けてモチベーションアップしてもらうには左側から話すのが有効です。

それに対して、相談事などは右側から話をするように心がけました。右側は、心臓から遠い位置になるので、相手は安心して話を聞く態勢を取りやすいという利点があります。

営業職の人であれば、すでに自然にそのような対応を行っている人が多いかもしれません。

また、左脳は言語野と呼ばれるように論理的な思考を司る部分です。言葉や数字などのデータを処理するので、相談事などに対してロジカルにアドバイスしてもらいたい場合には、相手の右側から話すと効果的とされています。

部下への声がけは「いま何か困っていることはない？」

自分の席の横に椅子を置く以外に、もう1つ、部下から自発的に「報連相」をしてもらうようにするためのコツがあります。

それは、**声がけの仕方を工夫する**ことです。

部下が報連相をするときに、次のような声がけをするリーダーがいます。

「あの件、大丈夫？」

「あれって、どうなっている？」

これらは、「アウトプット重視」の、「管理型」の声がけです。

「とにかく、部下に結果を早く出してもらわないと困る」というリーダーの焦りの心理からこういう声がけになってしまうのでしょう。

私自身も、リーダーになった当初は管理型の声がけをよくしていました。

ですが、そもそも、部下は「大丈夫か？」と聞かれると、「大丈夫です」と答えてしまうものなのです。

本当は大丈夫ではなかったとしても、とりあえずそう答えてしまうのです。

みなさんの中にも、子どものときに「試験勉強はちゃんとしているの？」「宿題、大丈夫なの？」と親に聞かれ、やっていなくても親に叱られないように「ちゃんとやったよ」とウソをついてしまった経験がある人は多いと思います。

そこで、部下には、次のような**「育成型」の声がけ**をするようにします。

「いま何か困っていることはない？」
「手伝ってほしいことがあったら言ってね」

このように、**〝フォロワー〟として部下に声をかける**ようにするのです。

アウトプットを詰めていくのではなく、「どうやったら部下が育つか？」をできるだけ意識して声をかけるようにします。

フォロワーに徹すると、部下はリーダーに相談しやすくなり、報連相の数が自然と増えるようになります。

些細な違いのように思うかもしれませんが、じつはこの切り替えがリーダーにとって非常に難しいのです。

なぜなら、リーダーは「チームを管理したい」という思いがなかなかぬぐえず、不安になるからです。

この不安が、部下の成長と、チームの進化への壁となります。

私も、リーダーになった当初はチームを「管理」しようと考えていました。

でも、**管理は、いくらやってもきりがない**のです。

たいてい、リーダーと部下の「いたちごっこ」になってしまいます。

どんなに完璧に管理しようとしても、先ほどお話ししたとおり、そもそも部下は自分に都合の悪いことを上司には積極的に言おうとしません。

そのため、抜けや漏れがどうしても出てしまいます。

遠回りに思えるかもしれませんが、「育成型」の声がけのほうが、結果的に部下のことを、より把握できるようになるのです。

育成型の声がけをする

☒ 管理型の声がけ

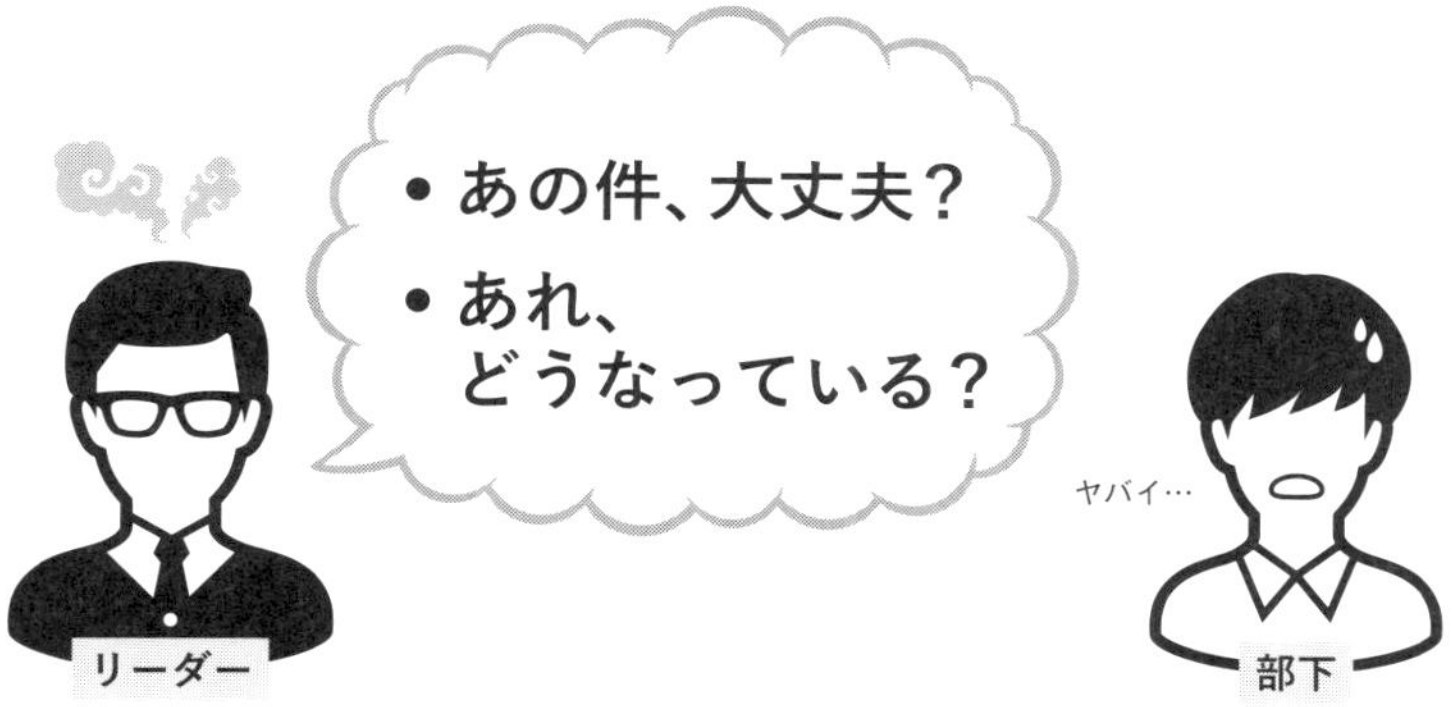
・あの件、大丈夫？
・あれ、どうなっている？
ヤバイ…
リーダー
部下

◎ 育成型の声がけ

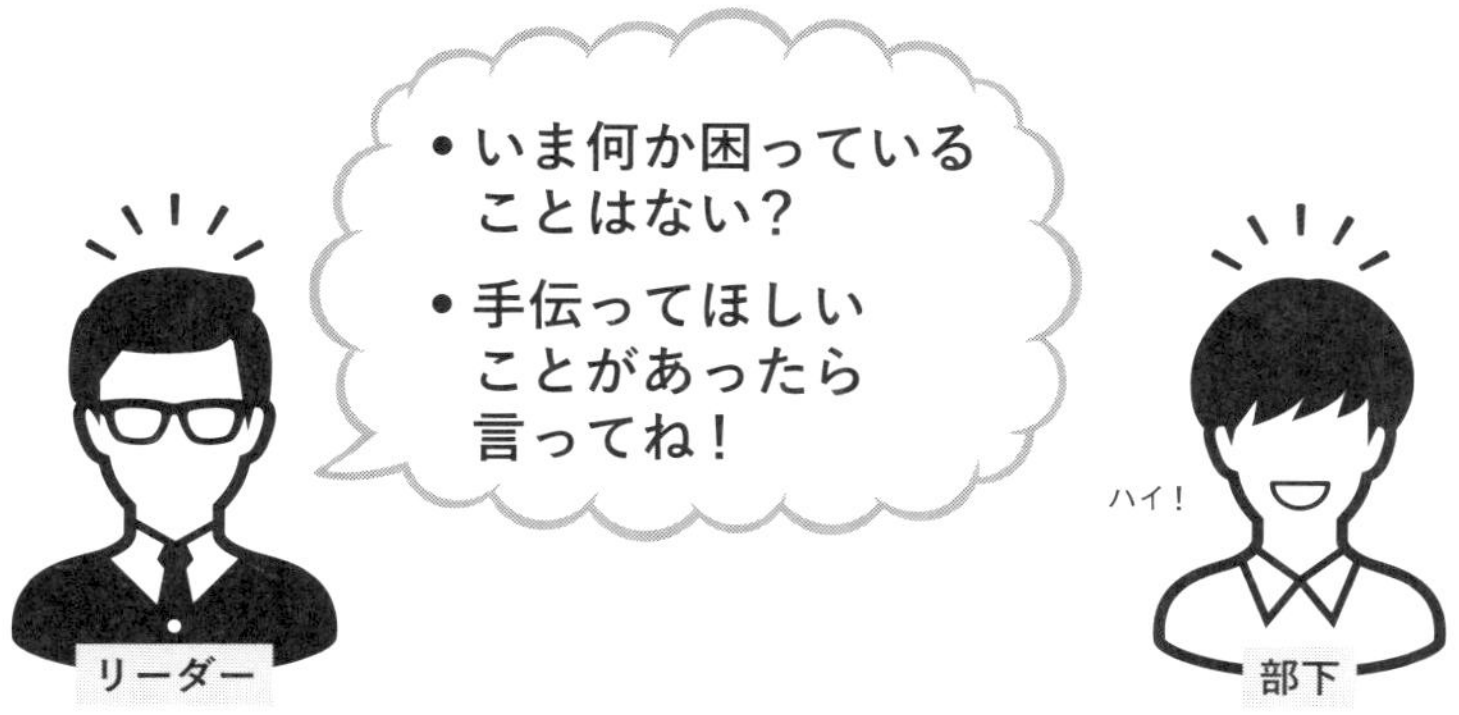
・いま何か困っていることはない？
・手伝ってほしいことがあったら言ってね！
ハイ！
リーダー
部下

部下の「呼び出し」をしない

「ちょっと来てもらっていい？」

このような声がけをしがちですが、私は**緊急時以外、部下をできるだけ呼び出さない**ように心がけていました。

なぜかというと、「どうせ必要ならリーダーに呼び出されるから、それまで何もしなくていい……」と、部下にマインドセットされてしまい、結果的に報連相の数が減ってしまうからです。

皮肉にも、**呼び出せば呼び出すほど、部下からの報連相の数が減ってしまうことになる**のです。

また、頻繁に呼び出して「どうなっている？」と聞いていると、部下に受け身の姿勢が染みついてしまうので、自走する部下が育ちにくくもなります。

部下から自発的に「報連相」をしてもらうためには、やはり先ほど述べたようにリーダーが「自席にいる時間」を増やすことがもっとも効果的です。

私の経験上、リーダーが席にいる時間の長さと、部下が報連相する時間はほぼ比例します。

報連相の時間が増えるということは、部下とのコミュニケーションの時間が増えることでもあります。

部下とのコミュニケーションが増えれば増えるほど部下は育ちます。

その結果、メンバードリブンの案件が増えていき、意思決定も速くなっていきます。

この好循環に持ち込むことさえできれば、チームの成果は後から必ずついてくるのです。

「差分」を褒めながらフィードバックする

部下への声がけだけでなく、フィードバックの仕方も大切です。

「部下の成長は、リーダーのフィードバックが9割」と考えていたくらい、私はフィードバックの仕方にこだわっていました。

フィードバックでもっとも大切なのは、**「リーダーは自分のことをしっかりと見てくれている」と部下に感じてもらえるようにする**ことです。

そのためには、**できるだけ部下を褒める**ことが効果的です。

一度でもマネジメントをやったことがある人ならよくわかると思いますが、叱ることは誰にでもできます。

でも、褒めることはなかなかできません。なぜなら、日頃から部下をよく見て部下をしっかり理解していないと褒めるポイントが見つからないからです。

やみくもに褒めたり、いたずらにおだてたりしても意味はないのです。

フィードバックするときは、**部下の「差分」を褒める**ことがポイントです。

たとえば、「ここまでのレベルに達したい」というリーダーと部下の間でアサインした理想の目標があるとします。

それに対して、達成できていない部分があれば、理想と現実の間にギャップがあるということになります。

そのとき、もっともやってはいけないのは、次のような指摘をすることです。

「ここができてないね」

「これが足りていないから、届かないんだよ」

「次は、ここをもっとこうしなさい」

こういうフィードバックでは、「自走する部下」は育ちません。

前回の仕事を踏まえて「ここが伸びたね」「この部分が前回と違ってよかったよ」という形で評価をするのです。

相手が「今回ここまで伸びた」というポイントを見つけて、きちんとわかりやすい形でメジャメントするようにします。

たとえば、「時間が限られている中で、これまでは1つしかアウトプットできていなかったものが3つできるようになった」など、**できるだけ定量的な評価をする**ようにします。

その上で、「けれども資料の内容がまだビジー（繁雑）だから、グラフの数を1枚のスライドで1つに絞って見せられるといいよね」と次回へ向けたアドバイスをするのです。

このようなフィードバックを行うことによって、部下は「じゃあ、次はこれをやればいいんだ」と、前向きな姿勢を持つことができ、自発的に取り組めるようになります。

部下への説明は「プレゼン」と同じ

部下への「お願いの仕方」も、非常に重要です。

一番やってはいけないのが、「上からの指示だから」と、業務命令として右から左へそのまま流すことです。

正直に言えば、「とにかくやるんだ」のひと言で済めば、リーダーとしてこれほど楽なことはありません。

ですが、

「会社というのはそういうものだから」

「上から、この数字を出しなさいと言われたら、とにかくやり切るんだ！」

というような言葉で部下を動かし続けると、その部下たちが上に立ったときに、必ず同じことをするようになります。

私自身も、かつて「とにかくやれ！」ばかりを繰り返し続ける上司の下にいたことがあります。

私がその上司に何を言っても、まったく聞き入れてもらえませんでした。

そして、気付けば、自分の部下に対しても同じような伝え方をするようになっていて、その結果、私も部下も疲弊してチームのパフォーマンスが下がってしまいました。

会社によっては、個人目標を達成すると大きなインセンティブがつく場合もあります。

お金などのわかりやすい報酬で最後まで走り切ってもらうのも、1つの方法でしょう。しかし、そうではない会社もたくさんあります。

高いインセンティブは出せないけれど、目標は達成してほしい。そんなときに「上から言われているから」と伝えるだけでは、部下に動いてもらうのは難しいでしょう。

そこで、リーダーには、**「翻訳」する力**が必要になります。

ソフトバンクには、「情報革命で人々を幸せに」という経営理念があります。

この理念を実現させるために、上から業務が降りてきたとしても、そのまま指示を出しません。

たとえば、ソフトバンクショップのスタッフに対して、当時何かしらの情報を伝えることが多くありました。

新サービスのリリースにおける内容の落とし込みや、新商品の説明、キャンペーンの連絡など、多いときには一日10通を超える通知が飛ぶこともありました。

ショップスタッフは、すべての内容を理解できるだろうか？

お客様に対して、きちんと対応できるのだろうか？

このような視点を持ってスタッフの立場に立てば、多くのリリースをわかりづらい文章で出し続けることは避けてほしいと思うはずです。

このサービスはどういう想いでつくられたもので、どういったユーザーに対してお勧めすべきものなのか？

そのサービスを享受することでそのお客様にどのような未来が訪れるのか？

その未来は理念である「情報革命で人々を幸せに」を実現できるサービスであ

ることを伝えられているか？

このような問いに答える形で作成される通知は、スタッフへの伝わり方、その先のお客様への伝わり方も異なってきます。

このように、部下に仕事を頼むときに翻訳することによって、「意味」や「意義」を感じられるようにすると、部下に「やらされ感」がなくなります。

子ども時代を思い出してもらってもわかると思います。

親や先生から「いいから勉強をしなさい！」と言われても、勉強する気なんて起きないですよね。なぜ、何のために、この学びがあるのかを理解できないと、学力も能力も伸びないのと同じです。


「この目標をやり切ることで、どんな価値がもたらされることになるのか？」

「自分たちの目指しているものと、どうつながるのか？」

このような問いについて、部下と一緒に考える場を設けるのも効果的です。

思うところは個々に異なるかもしれませんが、部下が「自分で考えた」と思えるところに意味があります。

「すぐに評価されないかもしれないけれど、この目標を達成することで、いずれやりたいプロジェクトを提案するときの実績になる」

たとえば、こんなふうに部下が思えたとしたら、それは「部下のやりたいこと」になるわけです。これができるようになると、その部下がリーダーに立ったときに楽になります。

定性的な目標が上から降ってきたときに、いかに定量化できるか、どう数字を分解したら部下が腹落ちできるようになるか？

ある人には、お金ではなく難しいことに挑戦できることがインセンティブになるかもしれませんし、それよりも周囲に評価されて認められることのほうに喜びを感じる人もいるかもしれません。

みんなで挑戦して達成できることが楽しい、という人もいるでしょう。

モチベーションとは十人十色なので、リーダーは、その人に合った落としこみの仕方を考えることが大切なのです。

「部下の適性」を見ながら仕事を任せる

部下育成に取り組んでいるリーダーと取り組んでいないリーダーで、大きな差が出てしまうのが、「部下の適性を見ながら業務を任せる」という仕事です。

リーダーは、チーム全体のことを考え、部下たちにタスクを割り振っていかなければなりませんが、部下は、それぞれ個性も能力も異なります。

初めは、私自身も数多くの失敗を重ねました。

たとえば、雑談などを通じて興味・関心を把握していると思っていた部下に対して、よかれと思って振ったタスクが、じつはその部下にとってまったく気が進まない業務内容で、しばらくして、その部下から「他の人と交代したい」と言われてしまった、といった類の失敗は何度もあります。

真面目な部下ほど、リーダーから振られた仕事に対して、「できません」とは言わずに、一生懸命取り組もうとします。

時間をかけた挙句にタスクがまったく進んでいないという事態に陥ると、チーム全体に大きなロスとなってのしかかってきます。

私の経験上、こういった類のミスマッチを完全にゼロにすることはできません。

そこで、私は、まずは**部下にタスクを部分的にやってもらう**という方法をとりました。

そのうえで「このタスクどうだった?」と部下に聞いてみて、部下から「いけそうです」という返事が返ってきたら、すべてを任せるようにするのです。

反対に、「ちょっと難しいかもしれません」という答えが返ってきたら、その部下には新たに別の業務を任せるようにし、そのタスクは別の部下に振るようにします。

他にも、**自分ができることを細分化してタスク化する**という方法もあります。

たとえば、資料作成などもそうです。

まずは元ネタとなるデータを持ってきて、それをグラフ化することを任せてみます。

その後、数多あるデータの中から、資料で使うデータをどうやって選別するかについて任せてみるのです。

さらに、それらのデータを使う前提としてどのようなストーリーの提案資料にするのかといった形でプレゼンテーション全体を最終的には自走力をもって作成できるところまで任せてみます。

データの収集が得意な人もいれば、データをグラフ化するのが得意な人もいます。新たな企画の発想や着眼点から提案するのが得意な人もいます。

資料作成1つ取っても、細分化は十分可能です。

小さなことのようですが、これだけの工夫でも、チームのタスクは効率的に回るようになるのです。

部下とランチを共にする

私は会議を減らすことで、部下とのコミュニケーションの時間を捻出していました。

その過程で、次第に、部下と共にする時間が増えれば増えるほど、部下育成に大きな成果が出ることに気付き、部下と共にする時間をもっと増やせないかと考えるようになっていました。

しかし、当時の私は多忙を極めており、これ以上、時間を捻出する余裕はありませんでした。

そこで思い付いたのが、ランチ時間の活用です。

ランチは時間が限られているので、夜の飲み会に比べて部下の心理的なハードルが低いですし、面倒な日程調整も要りません。

食事するだけのときもあれば、プレゼンやマーケティングなどの勉強会を兼ねることもありました。

勉強会については、部下に義務感を持ってもらいたくなかったので、あらかじめ参加の有無は評価に影響しないことを明言したうえで行うようにしていました。業務の中では、なかなか細かいスキルについて掘り下げて説明することができないので、勉強会は非常に有効です。

ただ、いわゆる夜の「飲みニケーション」は、ほとんど行いませんでした。せいぜい、キックオフのときぐらいです。

なぜ「飲みニケーション」を行わなかったかというと、時間がもったいなかったからです。

飲みに行くと、最低でも2時間はかかってしまいますし、アルコールが飲めなかったり、飲み会が苦手な人、時短勤務の人もいたりします。

私自身、自分の時間や自分のコミュニティ、家族との時間を大切にしたいですし、部下にも同じように大切にしてほしいと考えていました。

たいてい、飲みの場では愚痴や社内のことをネタにして笑うだけで終始することがほとんどではないでしょうか？

たしかに、「飲みニケーション」だからこそ深められる人間関係もあるかもしれませんが、それと引き換えに二日酔いの重い頭を抱えて翌日に出勤するくらいなら、ランチの時間を活用したほうが、よほど生産的だと私は思います。

会社の中だけで「仕事が上手に」なっても仕方ない

会社の中で仕事が〝上手になる〟ことをゴールにしている人は、最終的に、仕事が〝こなせる〟ようにしかなりません。

ある意味、組織にとっては便利な存在ですが、少なくとも、私は自分の部下には、そこをゴールにしてほしくないと考えていました。

私自身、ソフトバンクという会社、そして、上司たちに育てていただいたという強い想いがあります。

会社は、仕事を通じて、給料をもらいながら自己育成や自己啓発までできてしまう場です。

経営者になった現在、改めて、これほど恵まれた環境は他にないということを痛感します。

個人でやっていたらできないようなことでも、組織に属しているからこそできる経験が山のようにあります。

会社のトップに近いところで仕事をすれば、普段は会えないような人たちに会えたりもします。

せっかくそんな素晴らしい環境に身を置いているのに、ただ「会社で仕事がうまくできる」だけで終わってしまうのは、じつにもったいないことです。

会社の愚痴を言っている暇があるなら、会社をもっとうまく利用する方法を考えたほうがよいと思います。

私よりも上の世代の人たちを見ていると、多くの人が「仕事が上手にできる」だけでは満足できなくなっています。

遅かれ早かれ、いずれそうなるのであれば、早い段階から仕事がうまくできる以上に、何かに貢献できて大きな満足感を得られることに重きを置いたほうがいいのではないでしょうか?

部下の夢を聞く

マネジメント研修で、この話をすると驚かれることが多いのですが、私は部下育成の一環として部下の夢を聞いていました。

個人の夢に注目することの大事さを教えてくれたのは、私のかつての上司です。面談中に、突然、上司から「ところで前田君には、どんな夢があるんだ?」と聞かれたのです。

当時20代だった私は、戸惑いながらも「ログハウスに住みたい」と答えました。そうしたら、その上司に「もっと仕事や自分のキャリアで、大きな夢はないのか!」と怒られてしまったのです。

まさか怒られるとは思っていなかったので、「夢を聞かれたから正直に答えただけなのに、なんで怒られなければならないんだろう……」と、その上司の理不尽さに納得がいかず、その場ではモヤモヤとした気持ちを抱えましたが、すぐに目の前の仕事に忙殺されて、すっかり忘れてしまいました。

その次の日です。上司があるものを私に持ってきてくれたのです。

それは、山のようなログハウスのカタログと雑誌でした。

上司は「いまはまだログハウスを買えないかもしれないけれど、将来ほしいと思っているのなら、いまからカタログくらいは持っておけよ！」と私に言いました。

当時はインターネットがそれほど発達していなかったので、仕事帰りに街の書店を回ってかき集めてきてくれたのだと思います。

自分の机に積み上げられたカタログと雑誌を見て、私は「この人の力になりたい」と思いました。

何より、自分のちっぽけな夢を真面目に受け止めてくれたということが嬉しかったのです。

そして、自分もこの上司と同じように、部下の夢を受け止めることができるリーダーになろうと決めたのです。

部下の夢の内容は、必ずしも社内のキャリアパスに関係していなくても、問題ありません。「どんな夢を持っているの？」と聞くと、部下は「将来は、独立して飲食店を開きたい」「海外で暮らしたい」など、意外にいろいろと答えを返してくれるものです。

たとえば、「飲食で起業したい、それもアメリカ東海岸で流行っているようなハンバーガーショップをやってみたい」という部下がいたとしたら、「普段から、食やライフカルチャー系にアンテナを張っているのか。ということは、ＩＴと食の新しいテクノロジーなんかにも興味があるのかも」と、部下への理解も深められます。

そして、今後、チャレンジングな案件があった場合、この部下に任せれば、本人が乗ってくる可能性が高いかもしれないと、仕事にもつながるわけです。

部下の夢を聞くコツは、自分の夢を先に言ってしまうことです。

自分の夢を先に話せば、「上司が自分の夢を包み隠さずに話してくれたのだから、自分も」と、返報性の法則で、心を開いてくれやすくなります。

根掘り葉掘り部下の個人情報を聞き出そうとしていたわけではありませんが、業務のことだけでなく、メンバーの夢や特性、普段どんなことに時間を使っているのかなどを理解したほうが、部下育成は確実にやりやすくなります。

たとえば、ある部下が時間をかけて物事に取り組むのが好きだということがわかった場合、スピードを重視するチームの方針に合わないからといってすぐに部署異動させるのではなく、短期で結果を出す仕事のウエイトを減らしながら、長期で取り組むことが可能な仕事をできるだけ兼務してもらい、結果を出しやすくするという対応もできるようになるのです。

いまは、ＳＮＳがありますので、部下のタイムラインを見ることからも、どんなことに関心を持っているかが把握できると思います。

第4章

チームの問題は「5つのスキル」で解決する

5つのスキルの組み合わせで解決する

ここまでで、リーダーの意思決定の仕方を中心にしながら、会議の仕方や部下育成について解説してきました。本章では、最後に実践編として5つのケースを取り上げて問題形式にしてみました。

ここまでの内容を踏まえて、どのように意思決定をすればよいか、ぜひ頭を悩ませながら解いてみてください。

孫さんは、「脳がちぎれるほど考えろ」とよく言いますが、「このアクションは何の意味があってやるのか?」「自分だったらどうするのか?」などと、すべてのアクションについて、つねに考える癖を付けて習慣化することが大切です。

本書で解説してきた内容は、次の5つに分類することができます。

1. コミュニケーションスキル
2. 交渉スキル
3. 専門スキル
4. 育成スキル
5. セルフブランディングスキル

私が行っているマネジメント研修では、この5つのスキルをリーダーが必ず身に付けておくべきスキルとして解説しています。

1つでも欠けると、成果を出し続けるリーダーにはなれません。

問題にぶち当たったときは、この5つのスキルを組み合わせ、ときにはすべてを駆使して速やかに意思決定し、解決へと導く必要があります。

基本的に、スキルはやりながら身に付けるものです。

コミュニケーションスキルが身に付いたら、次は交渉スキルというようにステップを踏むわけではありません。

同時並行で、5つのスキル全部を磨きましょう。

これはやったもの勝ちです。

5つのスキルとも、自ら積極的に動いて実践していかなければ、伸びません。

マネジメント研修で、いつもリーダーの方々に「吾唯足知」という言葉を紹介しています。

京都の龍安寺にあるつくばいに刻まれた文字で、「われ、ただ足るを知る」と読みます。

現状に満足して、欲を出しすぎたり、何かを求めすぎたりしてはいけない、というような意味の禅の言葉です。

私は、この言葉をリーダーの立場から解釈して、リーダーのみなさんには、けっして現状に満足することなく、むしろまだまだ足りないと貪欲になってほしいと考えています。言うなれば「われ、ただ足るを知らず」です。

「自分には、こういうところがまだ足りないな」「もっと自分はこういうことを明確にして深めていかなければいけないな」などと、つねに成長を求めてほしいのです。
けっして守りに入らないでください。
守るのは、もっと後でいいのです。
いまはチャレンジするときです。
自ら、どんどん取りにいきましょう。

スキル1 コミュニケーションスキル

部下とのコミュニケーションに悩んでいるリーダーの多くは、コミュニケーション力がないのではなく、コミュニケーションのための時間が足りていないだけであると前にお伝えしました。

部下との信頼関係を築くためには、「相手を知る」ためのコミュニケーションが欠かせません。

まずは「報連相」などを通じて部下の現状や困りごとを把握することから始め、相手の「夢」を聞くといった深い他者理解まで行うのが望ましいでしょう。

そのためには、部下に「変わること」を期待するのではなく、リーダー自らが率先して部下のところに足を運んだり、自分の席にいる時間を増やしたりして、いつでも話せる環境をつくることが大切になります。

いわば、リーダーが身に付けるべきコミュニケーションスキルとは、「会話力」というよりも、「コミュニケーションしやすい環境をつくる力」ということなのです。

スキル2 交渉スキル

「ネゴシエーションスキル」とも言います。

現在、多くの企業において、人的にも予算的にも時間的にも最小限のリソースで多岐にわたるタスクをリーダーがこなすことを求められています。

上からは、つねに様々なタスクが降ってきます。そのときに、すべてを言われたとおりにこなそうとすれば、どうしてもリソースが足りなくなります。

そうした状況で、リーダーに求められるのが、交渉スキルです。

会社には、組織力学が働いています。

リーダーは、自分の立場だけでなく、様々な人の立場に立ちながら、チームの代表として上司や他部署に意見を伝え、自分の望む意思決定につなげるための交渉をする必要があるのです。

ときには、上司や他部署に「こっちを急がせるので、この案件については、あと2日延ばしてもいいですか？」と了解を得ることも必要になります。

スキル3 専門スキル

専門スキルがある人とない人とでは、組織の中における信頼関係が大きく異なってきます。

社内において、ある分野やスキルに誰よりも精通しているという「専門性」は、強力な武器になります。

たとえば、上司や他部署の人たちとコミュニケーションをするときに、「以前、カスタマーサービス部門で顧客満足に関するデータを扱っていたので、その辺りのことはだいたいわかります」と言えれば、頼れる「外脳」として、上のレイヤーの意思決定の場に呼ばれやすくなるのです。

まずは、1つの専門スキルや分野に精通することを目指し、その次のステップとして、2つ目、3つ目を積極的に狙っていくのが望ましいでしょう。

複数の分野やスキルを掛け合わせることができる人材は、社内だけでなく、社外においても貴重な存在なので、オンリーワンの人材として重宝されるようになるはずです。

スキル4 育成スキル

リーダーになったときに、もっとも強く意識して磨かなければならないのが、育成スキルです。

プレーヤー時代にどんなに優秀だった人でも、最初は、育成スキルはゼロです。部下育成とは、自分だけが能力を伸ばして部下を率いることではありません。自分の下から、どれだけ多くのスター選手を輩出（プロデュース）できるかが問われるのです。

会社からアサインされた成果を出すのはリーダーとして当たり前です。成果の出し方が、大事なのです。

プレーヤーからリーダーになって、他者にアウトプットさせるようにかじを切るのは非常に難しいことです。

プレーヤーとして邁進している以上、上の視座に立つことや「他者を動かしてアウトプットを出す」スタイルを身に付けることがなかなか難しいのはよくわかります。私もそうでした。

視座を上げることに関しては、上の会議に出席したり、上司と積極的にコミュニケーションを取ったりすることで身に付けられます。

育成スキルを伸ばす一番よい方法は、もうどうしても自分ひとりではできないというキャパオーバーの状態に自分を追い込むことです。

私は、積極的に「兼務」をすることで、自分を追い込みました。いろいろなことをやる環境をつくり出すと、すべてを自分でカバーするのが自ずと難しくなります。

そのため、必然的に任せられる部下を見つけたり、外脳を使ったりといったリーダーとしての働き方に自然とアップデートされていき、自分のリーダーとしての成長と部下育成がつながるようになるはずです。

スキル5 セルフブランディングスキル

自分が昇進するときに必要になるのが、セルフブランディングスキルです。

セルフブランディングは、２つの場面で必要になります。

1つ目は、社内で「自分をどう見せていくか」を考える「自分自身のプロデュース」です。

おそらく、この点に関しては、ほとんどのリーダーが多かれ少なかれやっていることだと思います。

そして、2つ目が、自分の部下を次のリーダーとして上司にプロモーションするという「部下のプロデュース」です。

私がソフトバンクで部長になる直前、上司から次のように言われました。

「いつもきちんとチームの実績を出してくれてありがとう。でも、前田君が部長になったとき、あなたがいまやっている課長の仕事は誰が引き継ぐの？」

このときに、私は初めて、自分の昇進に「部下の成長」という要因が大きく影響していることに気付きました。

そして、「部下の成長」は、自分が認めただけではダメで、自分の上司が認識して初めて社内から認めてもらえるということがわかりました。

そこで私は「3カ月、時間をください」と上司にお願いをして、その間に部下を次期課長候補としてプロモーションすることを決めたのです。

次期課長候補の部下を連れて上の会議にできるだけ出席し、私の代わりにしゃべってもらう機会をたくさんつくるようにしました。

リーダーがいくら優秀でも、部下が育っていなければ、組織はそのリーダーを上に引き上げようとしません。

下が育たないうちにリーダーを引き上げるという人事を繰り返すと、現場が疲弊して、崩壊していくからです。

そのため、上司はチームの部下がきちんと育っているかどうかを見ているのです。

「謙虚」に「遠慮」せず、「同時並行」でやる

ここまで5つのスキルをご紹介しました。

すでに全部身に付いている人もいれば、そうではない人もいると思います。

スキル習得の近道は、とにかく場数を踏むことです。

いくらスキルを学んでも、学ぶこととやれることは、まったく別モノです。

「聞いたから」「勉強したから」できるかと言えば、けっしてそうではありません。書籍や研修、講座などで学ぶのも大事ですが、学んだだけでは、自分のものになりません。

コミュニケーションスキル1つ取ってみても、人はそれぞれ性格も感受性も異なります。

同じことを言って同じようにアプローチしても、それを快いと受け取る部下も

いれば、そうではない部下もいます。どのアプローチが有効かは、実践しながら自分でつかんでいくしかありません。

試行錯誤していく過程で、自分なりのスタイルができ上がるはずです。

そして、そのときに大切になるのが、つねに謙虚でいることです。

謙虚と遠慮は、違います。「こんなことを言ったら、部下に嫌がられるんじゃないかな?」と遠慮をしていたら、部下は成長しません。

上司に対しても、「あ、いまは忙しそうだな。相談をするのはやめておこう」と遠慮をしていたら、永遠にその上司の時間を空けてもらえません。

私が現場のリーダーを務めていたとき、会議に出たのに、遠慮してひと言も発言しない部下がいたことがあります。

何も意見を言わないなら、会議に出る必要がありません。そもそも、上の人は意見が聞きたいから呼んでいるわけです。

そのため、私は、その部下に「今日、ひと言もしゃべらなかったよね。何しに来たの？　その態度だったら、二度と来ないでいいよ」と、あえてきつい言い方をしました。そうすることで、部下に「遠慮をしてはいけない」ということを学んでもらいたかったのです。

遠慮していたら、ゼロです。

でも謙虚さを持って、何かひと言言うだけでプラス1です。

ゼロと1は、大きく違います。

リーダー経験の浅い人、少ない人は失敗もたくさんあります。

でも、失敗をたくさんするのは大事なことです。

場数を踏んでいくと、わかることがあります。それは、自分ひとりでやれることと、面倒を見られることなんて、たかが知れているということです。

すべてのタスクを自分ひとりでカバーするなんて、到底できっこないのです。

謙虚に部下に任せて、よりよいアウトプットを目指す。このことを念頭に置き、チームリーダーの経験をどんどん増やしていくことです。謙虚に遠慮せず、です。

次項からは、実践編として、5つのスキルを活用しながら実際の現場で起きた問題についてどのように意思決定して解決していくかを見ていきましょう。

実践編ケーススタディ

ケース1から5まで、5つの設問があります。

現場ではよくあるケースばかりです。

4章までで解説した内容を踏まえながら、自分がリーダーになったつもりで問いに答えてみてください。

ケース1

Q. 上司から資料作成の依頼がありました。
自分を含めてチームのメンバー3人で作業を分担しましたが、Aさんはタスクを順調にこなす一方、Bさんは期日までに終えられそうにありません。

締め切りまで、あと1日。

チームリーダーのあなたは、次のうち、どちらを選びますか?

(1) Bさんからタスクを取り上げて、自分ひとりでアウトプットする
(2) Bさんに作成プロセスを見せながらアウトプットする

▼必要なスキル「コミュニケーションスキル」「育成スキル」

答えは2です。

この場合、仕事が速いからといって、Aさんにばかり仕事を振るわけにはいきません。Bさんも、そもそもキャパオーバーなのか、もしくは、本来ならこなせるものの、他の理由があって難しいということなのか、見極めが必要です。

相手の立場に立つことの基本は何かと言えば、これはもう「相手を知る」ことしかありません。コミュニケーションです。

このケースでは、そもそも報連相というコミュニケーションが不足しています。

仕事を部下に頼むときは、事前にスケジュールをコミットすべきです。

本来やるべきことは、次のとおりです。

1. 事前に部下とスケジュールをコミット
2. 進捗確認タイミングの設定
3. リーダーがすべてを巻き取らずに可能な範囲で部下がやる余地を残す

けれども、このケースでは締め切りまで、あと1日しかありません。

リーダーが尻拭いをしてしまうと、部下が育ちません。

では、どうすればよいかというと、次のようになります。


（このケースの対処法）
1．リーダーが作成プロセスを見せながら作業をする
2．アウトプットした後、次回から同じミスをしないように部下とディスカッションをする

大事なのは、アウトプットした後です。

次から、同じことが起こらないようにするため、ディスカッションするようにします。

たとえば、部下に会議のファシリテーターを任せたところ、ファシリテーションスキルが未熟だったため、結論が何も出なかったとします。

このとき、「次は、ちゃんとやれよ」と伝えるだけでは、部下も次回までに何

を改善すればよいのかわからないままになってしまいます。

そこで、私が実践していたのは、次のようなやり方です。

会議が終わるまで残り5分くらいのタイミングで、結論が出せそうにないと判断したら、「ここから先、ちょっとやらせてもらっていい？」とバトンタッチしてもらいます。

そして、少しお手本を見せてあげるのです。1回で無理なら、何度か同じことをやります。

最初から、すべて任せっ放しではいけませんが、だからといってリーダーが巻き取ってしまってもいけません。

リーダーが見本を示したうえで、部下とディスカッションし、もう一度やってもらうようにします。

大事なのは任せることと、リーダーがプロセスを最後に見せることです。

この2つをセットにして繰り返すことで、部下は成長していくのです。

ケース2

Q. 他のチームとの合同プロジェクトが発足しました。
自分のチームのアウトプットは、問題なくレビューができました。
しかし、他チームのアウトプットはうまくいっていないようです。
あなたはリーダーとして、次のうち、どちらを選びますか?

(1) 自チームに新しいタスクが降るかもしれないので、そのままにしておく
(2) 他部署のフォローを行う

▼必要なスキル「セルフブランディングスキル」「交渉スキル」

答えは2です。

このケースでは、多くのリーダーが1を選びます。

実際には、なかなか他部門のフォローまでやろうとは思わないのです。そこまでできる余裕やリソースがないというのが現場の実情でしょう。

それでも、あえて他部署のフォローをしましょう。

たとえば、自部門が営業部門で他部門が情報システム部門だったりすると、直接の関係がないセクションなので、「手伝いようがない」と言って何もしないという判断になりがちです。しかし、それではプロジェクトがストップしてしまい、結局プロジェクトが完成しません。

結果が出なければ、会社全体としても、チームとしても機会損失が発生することになります。

プロジェクトが行き詰まる原因の多くは、リソース不足です。

けっして、やりたくないわけではない。けれども、リソース不足によってチームが回らないのです。

情報システムなどの部署では、プロジェクトが同時にたくさん走っていることがよくあります。

プロジェクト1から20ぐらいまであり、しかも、ある特定の人にすごく負荷がかかっていて、その人の業務がキャパをオーバーすると全部が止まってしまうようなケースも少なくありません。

しかしながら、プロジェクトを主幹している部署は、多くの部署に依頼して、人をアサインしてもらいプロジェクトを組成しています。

ある部署では、「プロジェクト1」を最優先にしているけれど、別の部署では「プロジェクト1」の優先度が10番目ぐらいだったとしたら、当然、そこにはリソースは割かれないわけです。

それなのに、「プロジェクト1」の期日は決まっているので、やらなくてはいけない。そんな状況は、どこの会社や組織でもあると思います。

そこで、自分の部署では「プロジェクト1」に関してうまく進んでいる。ただ他の部署ではうまく進んでいない。その場合、それが自分と関係ない部署だから手伝えないというのではなく、間接的なことでも手伝えることは必ずあると考えてアクションを起こしてみるのです。

資料作成を手伝うとか、レビューのスケジューリングをするなど、できることが何かしらあるはずです。

あるいは、リソースが足りずに優先順位が低くなっているのであれば、自分の部署の上長に働きかけて、その部署のトップに直接話をしてもらうというアクションも考えられます。

けっして、営業部門であってもシステム開発部門を手伝うべき、と言っているわけではありません。

大切なのは、会社全体で見たときに、何が本当に大事なことで、どこにリソースを割いたほうがよいかの適正を見ていくということなのです。

ケース3

Q. あなたのチームが前年比120％で今期の目標を達成しました。来期も同様に今期目標の120％で設定することが求められています。部下は年々高い目標を掲げられ、目に見えて疲弊しています。とはいえ、会社の指示で目標設定をしなければなりません。あなたは部下に対して、どのように話をするべきでしょうか？

（1）当たり前だけど、全社で120％増の目標を掲げているからみんなでやるしかない！

（2）今期、お疲れ様でした。来期も同じく今期目標の120％の設定になるけれど、この目標を設定する意味はなんだろうか？　そして、その先にある中期、長期に設定される目標の意味はなんなのか？　なぜ我々がこの目標をやり遂げる必要があるのか、ディスカッションをしよう！

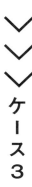

▼必要なスキル「コミュニケーションスキル」「育成スキル」

答えは2です。上から厳しい目標が降りてくると、キツイとは思うものの、やるしかない状況では「とにかくやってほしい」と1のようなアクションになりがちです。しかし、それでは部下の腹落ち感がないため、与えられた仕事をこなすだけになってしまい、個人目標さえクリアすればよいという空気が生まれます。

個々人に設定された目標をクリアさえすればいいというチームは、実際には、チーム目標をクリアすることも難しくなります。

なぜなら、お互いをフォローし合う意識が希薄になるため、チームとしての「やりきる力」が育成できないからです。

2のアクションのように、リーダーがメンバーと一緒に「やる意味」「やることで得られるもの」を考えるチームでは、「やらされ感」ではなく「自分たちがやりたい」という空気が生まれます。

そして、中長期の目標を見据えて、何のために仕事をするのかにまで議論が及ぶと、部下の腹落ち感が強くなり、自走力のあるチームになっていくのです。

ケース4

Q. 法改正に伴い、店頭でのオペレーションの変更が求められています。あなたは店頭オペレーションの責任者です。

責任者であるものの、現場のことは直属の部下に任せており、ここ最近は現場に出ていないため、直近の店頭オペレーションについて十分把握していません。

緊急会議が開かれることになり、現場の責任者であるあなたが、会議に呼ばれることになりました。

これから、店頭オペレーションのリーダーとして現在のオペレーションや法改正に伴うオペレーションへの影響について聞かれます。

会議までは10分しかありません。あなたなら、どうしますか？

（1）10分で部下に現状を聞いたうえで、会議に出席する
（2）部下を会議に同席させ、質疑については部下に答えてもらう

▼必要なスキル「専門スキル」「育成スキル」「セルフブランディングスキル」

答えは2です。

1の選択肢のほうが、リーダーの振る舞いとして正しいと思う人が多いかもしれません。

ですが、実際の会議では、あらゆる角度から質問が飛び交います。

その際、わからないことを誤魔化そうとして、現状のオペレーションと異なる内容の発言をして重大なトラブルに発展し、会社に大きな損害を与えることになるかもしれません。

2の選択肢では結論だけをリーダーが話し、その後に詳細については部下から話をさせ、質疑応答も部下にやってもらいます。

そうすれば、部下の上層部へのプロモーションになりますし、部下の成長のきっかけにもなります。

少し話が飛躍しますが、みなさんは、森友学園・加計学園問題を覚えているでしょうか?

あの国会答弁でも〝会議〟の場で呼ばれて答えていたのは財務省、霞が関の人たちでした。

ですが、実際に問題となった事務を行ったのは、財務省の地方組織である近畿財務局です。

財務省の人たちが呼ばれて答えることになって、本当は現場で何が行われたのかわからないのに答弁することで、いろいろと辻褄が合わなくなり追い詰められていった、というように私の目には見えました。

もちろん、真相はひと口では語れないとは思うのですが、私がこの場面を人ごとに思えなかったのは、同じような構図が一般の企業の中でもあり得ると感じたからです。

根底にあるのは出世欲であったり、保身であったりするのかもしれませんが、「すべて自分で何とかしよう」という考え方は非常に危険です。

「その部署を任せられているのだから、リーダーがすべてを知っていて当たり前」というスタンスなんて必要ありません。それが可能なのは、ごくごく狭い範囲の話です。

なのに、リーダーである自分が会議の場で理路整然と話さないと、上が見ているからと言って、それに応えようと頑張ってしまう。

頑張ると評価も上がるので、わかっていようがわかってなかろうが、とにかくわかったふりをしてしゃべって次に進む。そんなことをやっていると、いつか落とし穴にはまってしまいます。

これまでに、私もこのようなリーダーを何人か見たことがあります。

「自分がすべてを知っているわけではない」というスタンスのリーダーのほうが、断然成長しますし、会社にも貢献できるのです。

部下が間違えたときは、それも含めて自分の責任だと腹を決めましょう。

そういうリーダーのほうが、部下が「この人のために」と自走力を発揮してくれるのでいい結果も出せることが多いのです。

ソフトバンクには、とにかく一番わかっている人間を会議に出席させるという考え方、カルチャーがありました。

そのとき呼ばれる人の役職だとか年齢、勤続年数なんて一切関係ありません。

リーダーが「一番わかっている人」が誰なのかを把握し、会議に連れてこられるということがもっとも重要なのです。

ケース5

Q. トップダウンの案件が落ちてきました。
あなたは数多くの案件を抱えていて、これ以上は受け切れない状況です。

そんな中、新たにトップダウンの案件を上司が引き受けてきました。

上司から、「いつものトップダウンだ。やるしかない。頼むよ」というタスクを投げられ、あなたはそれを部下に説明をしてやり切る必要があります。

その案件をこなす部下も、他の案件でリソースを割くのが難しい状態です。

部下に対して、あなたはどちらのコメントが適切だと思いますか？

また、上司に対して、どのようなアプローチが適切だと思いますか？

《部下に対して》

（一）今回の案件を受けると他の案件に手が回らないのはわかっているが、緊急性が高く、我々の企業の理念や、今期の部署目標を達成するうえでもこの案件は何としてもやり切りたい。力を貸してほしい。いま、仕掛り中の案件は優先順位を下げるように上を説得してくるよ。

（2）いつものことだけど、また上司が仕事を安請け合いしてしまったんだよ。トップダウンだし、やるしかないからよろしく頼むよ。頑張ろう。俺も手伝うから大丈夫！

《上長に対して》

（1）わかりました。今回の案件、ぜひやり切りましょう！　ただし、いま仕掛り中の案件はいったんペンディングしないと今回の案件は実行不可能ですから、いま仕掛り中の案件はペンディングでよろしいでしょうか？

（2）申し訳ありません。以前依頼された案件で現在業務が立て込んでいるため、なかなかリソースが捻出しきれません。

▼必要なスキル「コミュニケーションスキル」「交渉スキル」「育成スキル」

答えは、それぞれ次のとおりです。

- 部下に対して　↓　1
- 上司に対して　↓　1

まず、部下に対するコメントから解説します。

トップダウン案件に対する部下への説明は、リーダーの真価が問われるといってもよいほど重要な役割です。

2のような「やるしかないだろう」というコメントをするのは、リーダーとしての役割をまったく果たしていないことになります。

「四の五の言わずにやるしかない」という類の言葉を使ってしまうと、今後、部下は仕事をするうえで、「トップダウンは仕方なくやるもの」という認識になってしまいます。

これでは自走力のある部下は育ちませんし、その部下が上司になったときに同じような指導をするようになります。

かつての会社組織の多くは、「とにかくやれ！」と号令をかけていました。現場も、黙ってそれに従うという図式があったように思います。

実際、私が入社した最初の企業でも、営業現場を中心に体育会系で上下関係に馴染みやすい人を多く雇用していました。

ところが最近では、営業職でも体育会系だけでなく、いろいろなタイプの人材がいます。

「上からの命令は絶対」という一方向の指示命令では、なかなか理解しない人も見受けられるようになってきました。

そうした変化も踏まえると、リーダーが上の役職の視点を持って、タスクの本質を理解することが大切になるのです。

トップダウン案件がうまくいくかどうかは、リーダーが「翻訳力」を発揮して部下に伝えられるかどうかで決まります。

「俺も手伝うから」という部下への言葉は、一見、いいことのように思えますが、最後にリーダーが自分で巻き取ってしまうことも示唆しています。

リーダーが帳尻を合わせるのは、その場の仕事は片付いても部下が受け身になっていくので適切ではありません。

大切なのは、その案件をやることでみんながいい方向に進むことです。企業の理念の実現というと大げさに思えるかもしれませんが、究極はそこにもつながります。

何よりも、リーダー自身が最後までやり切ることを強く意識する。「みんなと一緒にやり切りたいんだ」という「念い」を部下に伝えることが重要です。

リーダーがきちんと翻訳する大切さは、孫さんとの仕事を通じて私自身が痛感したことでもあります。

経営者と近いところで仕事をする機会が多い人は、「とにかくやれ！」ではなく「なぜやってほしいのか？」を自然にそれとなく他者に言うことができるようになります。

経営者である孫さんの仕事は、ソフトバンクが何のために存在しているのか、そして何を実現しようとしているのかをまさに体現しているわけです。

孫さんの仕事ぶりを間近で見ると、「自分でも案件のバックグラウンドまできちんと理解したうえでないと、相手にしっかり伝えることができないな。どう伝えればよいだろう？」という思考が自然と働くようになります。

たとえば、2011年には東日本大震災がありました。

震災について、孫さんご自身もメディアに述べていらっしゃいますが、「自分が経営者を辞めてでも、この日本の危機を何とかしないといけない」という壮烈な念いを持たれていました。

そういう孫さんの姿を間近で見て、孫さんが成したいことは、「儲かるから」というような次元ではなく、強い念いがあってのことだとみなが理解するのです。「上がやれと言っているからやるんだという認識ではダメだ。何のために孫さんがこういうことをしようと思っているかを自分自身が理解して、部下にもしっかり伝えないといけない」

そのように、自然と思うようになるのです。

自分で直接トップの念いを聞く機会がなければ、自分で考えねばなりません。考える1つのヒントが、企業理念です。

私もソフトバンクアカデミアに入る前に、トップの考えや念いをうまく翻訳できていたかと言えば、できていないことのほうが多かったと思います。

翻訳の仕方は、プレゼン資料をつくるのと同じです。

まず、あるお題があって、そのお題をクリアするためにはどうしたらいいかを考えます。

前にお伝えしたように、《課題》→《原因》→《解決策》→《効果》を考えてストーリーをつくるわけです。

部下にトップの念いを腹落ちしてもらい、行動してもらうにはどうすればよいか？

障壁となるものは何か？

障壁を解決するには部下の何にフォーカスすれば響くのか？

それをやったらどんな結果が手に入るのか？

こういった問いに答えるようにストーリーをつくり、プレゼンをするのです。


次に上司に対するアプローチですが、2のように「期日を後ろに延ばしてもらえませんか？」と頼むのは、単なるその場しのぎにすぎません。

後ろ倒しした期日になって、まだ終わらなければ、さらなるアウトプットの延長を求めることになりかねません。

このケースでは、リーダーが事前に上司に現状の案件をペンディングすることの了承を取ったうえで部下に説明します。

そうすれば、リーダーが優先順位を理解したうえでペンディングしていることが上司にも伝わるので、安心して任せてもらえるのです。

ただし、上司との交渉には気をつけることがあります。

繰り返しペンディングやリスケジュールの交渉を行うと、上司はこのリーダーに対してトップダウンの案件を頼みづらい感覚を持ってしまいかねないので、その点には十分配慮しましょう。

私自身も、かつて直属の上司が役員に対して「いいですよ。この案件はやりますけど、いまやっている業務は全部ストップしていいですか？」とストレートな表現で交渉をしていたことがあり、横でヒヤヒヤしながら話を聞いていたことがあります。

上司に、チームの希望やリソースの確保などを交渉するときも、部下へ伝えるときとまったく同じです。

そのまま伝えるのではなく、相手がどうしたら「それならいいよ」と腹落ちしてくれるかを考えて、プレゼンすることが大切です。

「面倒くさい」ことが、必ずあなたを助けてくれる

最後に、私自身が大きく変わったきっかけについてのお話をして本章を締めたいと思います。

かつて「面倒くさいから」と言って、私が部下をほったらかしにしていたことは前にお話ししたとおりです。

じつは、それ以降、私は「面倒くさい」ことが好きになりました。

手痛いしっぺ返しを食らったことで、面倒くさいことをショートカットしても、けっしてうまくはいかないということを、身をもって学びました。

それだけではありません。自分が「面倒くさいな」と思うことに真剣に取り組むと、やった分だけ成果が出ることもわかったのです。

だから、「面倒くさいこと」はウェルカムになりましたし、むしろ自分の成長

のためにも成果を出すためにも、「面倒くさいこと」を発見することはラッキーなことだと思うようになったのです。

ただ、そうは言っても、実際、面倒くさいことは面倒くさいです。

いまも、しょっちゅう言っています。

現在の私の会社では、講演会やイベントなどの会場手配や細かい調整など、「これ面倒くさいね」と口に出したくなるような仕事がたくさんあります。

なので、会社のメンバーには「これ面倒くさいね。でも、面倒くさいからこそ、しっかりやろうね」と言っています。

決して「面倒くさい」と思うな、口にするなと言いたいわけではありません。

むしろ、面倒くさいことは面倒くさいと認めたうえで、「だからやろう」と言える人が成長し続けられるのではないか、ということです。

「面倒くさい」

「俺は、この分野はちょっと弱いのでわからないな」

こんなセリフばかり言っているリーダーは、もしかしたら、格好悪いリーダーなのかもしれません。

でも、私は、その後に
「面倒くさいね。だからしっかりやろう」

「俺は、この分野はちょっと弱いのでわからないな。この分野のことなら、あの人に聞いてみよう」

と、必ず言葉を続けてきました。

その結果、最高に素晴らしい部下たちと共に、10年以上にわたって成果を出し続けることができたのです。

あとがき
取りに行く生き方

リーダーは孤独である――。

様々な企業でリーダーの方々と話す際に必ず出てくるフレーズです。

誰かに相談したくても上司は忙しい。

横並びのリーダーはライバルだから、おいそれと相談したら弱みを見せることになる。そんな環境の中で成長したくても成長できないリーダーをたくさん見てきました。

まるで、過去の自分を見ているような気持ちになるときさえあります。

研修において異なる部署のリーダー同士で悩みの共有と解決策のディスカッションをすると、ほんの短時間であっても有効な糸口が見つかってきます。

いま、孤独なリーダーは意思決定をすることの前に、意見を聞ける相手が不足していて無駄なリスクを取りに行っているのかもしれません。

もっとスピーディーに意思決定をするうえで、コミュニケーションを取るべく相手との距離感を意識しながら、自身が部下の方とのコミュニケーションの時間を割くことに注力してもらいたいと思います。

本文でも触れましたが、働き方改革が行われている昨今では、とかく時間がありません。

限られた時間で業務を行うためには効率よく行うことを求められながらも、多くの時間がいままでどおりに消費できない以上、積極的にチャンスや場数を取りに行かないと経験を増やすこともできなくなってきました。

そこで求められるのが、「取りに行く」という姿勢です。

企業は100年先も存続して成長を続けていきたいものです。

そのためには、昨年入った新卒より今年入ってくる新卒を育てる必要があるのです。30年後の企業を引っ張っていくのは若手の方々なのは当然です。そうやってバトンを渡して企業は存続していきます。

取りに行くのは、目の前のタスクを取りに行っているのではありません。

その意思決定を行うことで、あなた自身の未来を取りに行っているのです。

未来を取りに行くために、いまここで何を決めるのか？

上司や部下に何を伝えるのか？

その前に、そもそもあなた自身が何をしたいのか？

毎日、会社と自宅の往復の繰り返しとなってしまい、自分が本当にやりたいことや心の底から熱中したいことに時間を割くことも少なくなってきてはいないでしょうか？

私は書家として書を通じて日本の文化を次の世代へ継ぐことを行いながらも、自分と向き合う時間（「内観」する時間）を大切にすることをお伝えしています。

会社のリーダーとして立ち振る舞う前に一個人として何を軸にして歩んでいくのかが明確でなければ自分自身が迷ってしまいます。

今後ますます仕事とプライベートの切り分けが難しい世の中や働き方に移行していく過渡期において、その準備としてリーダーの皆様には是非、内観する時間を持っていただけましたら幸いです。

最後に、今回の書籍の出版にあたってはSBクリエイティブの鯨岡純一氏（純さん）に多大なるご尽力をいただきました。心から御礼申し上げます。

ソフトバンクを退職してから5年が経過しました。200社を超える企業様にて講演・研修・コンサルティングを行ってきた経験と、自身が独立して3社を経営することによって得た経験も踏まえて執筆させていただきました。

より多くの方々にお伝えすべく、書籍化に向けて情熱を傾けていただいた純さんに改めて感謝の念でいっぱいです。ありがとうございます。

そして、ソフトバンク在籍時から独立起業して本日に至るまで、陰になり日向になり支えてくれた家族である真理子、隆之介、珠希に心から感謝します。

この書籍で、少しでも多くのリーダーの決めることへの心の障壁が下がり、限られた時間で意思決定の回数が増えることでより多くの未来をつかむきっかけとなることができましたら幸いです。

平成31年1月

前田鎌利

著者略歴

前田鎌利（まえだ・かまり）

1973年福井県生まれ。東京学芸大学卒業。ソフトバンクモバイル株式会社（現ソフトバンク株式会社）などで17年にわたり移動体通信事業に従事。2010年に孫正義社長（現会長）の後継者育成機関であるソフトバンクアカデミア第1期生に選考され第1位を獲得。ソフトバンク在籍時代、孫社長に直接プレゼンして事業提案を承認されたほか、孫社長のプレゼン資料づくりにも携わった。その卓越したプレゼン力を部下に伝授すると共に、チーム内の会議も改革。超高速PDCAを回しながら、チームの生産性を倍加させて、次々とプロジェクトを成功させた。マネジャーとしての実績を評価され、ソフトバンク子会社の社外取締役をはじめ数多くのプロジェクトを任された。2013年12月にソフトバンクを退社、独立。年間200社を超える企業においてプレゼンテーション、会議術、リーダーシップなどの研修やコンサルタントを実施。著書に『社内プレゼンの資料作成術』『社外プレゼンの資料作成術』『最高品質の会議術』（以上、ダイヤモンド社）がある。

最高《さいこう》のリーダーは2分《ふん》で決《き》める

2019年2月27日　初版第1刷発行

著　者　前田鎌利
発行者　小川 淳
発行所　SBクリエイティブ株式会社
〒106-0032　東京都港区六本木2-4-5
電話：03-5549-1201（営業部）

装　丁　藤塚尚子（e to kumi）
本文デザイン／DTP　荒木香樹
本文図版　斎藤 充（クロロス）
編集協力　ふみぐら社（弓手一平）
編集担当　鯨岡純一
印刷・製本　三松堂株式会社

落丁本、乱丁本は小社営業部にてお取り替えいたします。定価はカバーに記載されております。本書の内容に関するご質問等は、小社学芸書籍編集部まで必ず書面にてご連絡いただきますようお願いいたします。

ISBN978-4-8156-0008-2